CALDERÓN DE LA BARCA
Los Cabellos de Absalón

CALDERÓN DE LA BARCA
Los Cabellos de Absalón

Edited by

GWYNNE EDWARDS
Senior Lecturer in Spanish
University College of Wales, Aberystwyth

PERGAMON PRESS
OXFORD · NEW YORK
TORONTO · SYDNEY · BRAUNSCHWEIG

Pergamon Press Ltd., Headington Hill Hall, Oxford

Pergamon Press Inc., Maxwell House, Fairview Park, Elmsford, New York 10523

Pergamon of Canada Ltd., 207 Queen's Quay West, Toronto 1

Pergamon Press (Aust.) Pty. Ltd., 19a Boundary Street, Rushcutters Bay, N.S.W. 2011, Australia

Vieweg & Sohn GmbH, Burgplatz 1, Braunschweig

First edition 1973

Library of Congress Cataloging in Publication Data

Calderón de la Barca, Pedro, 1600-1681
Los Cabellos de Absalón

(The Commonwealth and international library.
Pergamon Oxford Spanish division)
Bibliography: p.
I. Edwards, Gwynne, ed. II. Title.
PQ6282.C27 1973   862'.3   73-4292
ISBN 0-08-017161-3 (hard cover)
ISBN 0-08-017162-1 (flexicover)

Printed in Spain by Edit. Eléxpuru Hnos. S. A.—Zamudio-Bilbao
Depósito legal: BI-1373-1973

To

Gillian
Eleri and Gareth

CONTENTS

PREFACE

CALDERÓN's *Los cabellos de Absalón* belongs to the comparatively small yet important body of genuinely tragic plays written by the greatest tragic dramatist of the Golden Age. While considerable attention has been devoted to his 'honour' plays, which clearly have a tragic character, the tragedies which deal with 'ancient' subjects, whether classical, historical or biblical, have been largely neglected until recent years: plays such as *La hija del aire*, a truly great work, *El mayor monstruo, los celos,* and *Los cabellos de Absalón.* And even now, no English edition of any of these plays is available which is specifically intended to meet the needs of the sixth-former or undergraduate as opposed to the scholar. The aim of this edition is, therefore, to fulfil such a function without sacrificing scholarly standards.

I have attempted in the Introduction to place the tragic plays of Calderón, not least *Los cabellos de Absalón*, within a broader context, thereby setting in relief the particular qualities and the excellence of Calderonian tragedy.

The text has been carefully prepared from a comparison of what I consider to be the most important early printed versions of *Los cabellos de Absalón.* From the multitude of variants at my disposal I have attempted to give in the Notes some examples which suggest the similarities and differences between the various texts, while at the same time clarifying difficulties of meaning and explaining linguistic points perhaps unfamiliar to the modern reader.

I should like to acknowledge, in particular, my gratitude to Mrs. Margaret Parry for her great patience and care in typing the manuscript.

Aberystwyth   G. E.

INTRODUCTION

1. Calderón and the Spanish Drama

Don Pedro Calderón de la Barca was born in Madrid on 17 January 1600 and died there on 25 May 1681, the last and possibly the most brilliant star in that galaxy of dramatic genius that had distinguished the end of the sixteenth century and most of the seventeenth, making the drama of the Golden Age a significant landmark in the history of world theatre. Pedro's mother died when he was only 10. His father, who held an important government position, stated in his will five years later that the boy, on coming of age, should take up a family chaplaincy endowed by the maternal grandmother.[1] This command, and Pedro's refusal to comply with it, may be indicative of a somewhat strained father-son relationship, accounting perhaps for the numerous tyrannical fathers in the plays themselves. Pedro's relationship with his stepmother does not seem to have been a happy one either, for after his father's death he and his two brothers, Diego, the eldest, and José, the youngest, were brought up by one of their mother's brothers.

Pedro was educated at the Jesuit Colegio Imperial, then at the University of Salamanca where he studied canon law. At one stage he was excommunicated and locked up in the university prison for debts owed to a convent, while in 1621 he and his brothers were involved in a murder. After duly compensating the relatives of the unfortunate victim, Pedro entered the household of Don Bernardino Fernández de Velasco, the constable of Castile.

The best-documented events of Pedro's life seem, not surprisingly perhaps, to be the most sensational, for we are told that in 1629, after one of his brothers had been stabbed by an actor, he and the police pursued the assailant into a Trinitarian

1

convent. A preacher, Hortensio Paravicino, alleged in a sermon that they had manhandled the nuns, a charge which Calderón countered by mocking Paravicino's oratory in *El príncipe constante*. Though reproved for this by Cardinal Trejo y Paniagua, President of the Council of Castile, Calderón was not blamed for the alleged offence.

In 1637 he entered the Order of St. James and in the campaigns of 1640-2, when the Catalans revolted against the rule of Olivares, fulfilled his military obligations to the Order. Then a series of personal and national misfortunes—his own ill health, the deaths of his two brothers, José in 1645 and Diego in 1647, a mysterious love-affair involving the birth of an illegitimate child and the death of the mother, the death of the queen in 1644 and the heir to the throne, Baltasar Carlos, two years later, the closure of the theatre for five years or so—all seem to have combined to turn Calderón's thoughts to the family chaplaincy which he had rejected in his youth. He took religious orders in 1651. In 1653 he became one of the chaplains of the Chapel of the Reyes Nuevos in the Cathedral at Toledo, but ill health made him return to Madrid where he remained until his death in 1681. The varied events of his life, brief as our knowledge of them is, clearly provided him with much of the raw material for his plays and serve to dissipate that very austere, other-worldly impression of him conjured up by his portrait.

The general character of Calderón's drama has been adequately discussed in recent years and does not require here more than a brief recapitulation of its essential features: the use of the Lopean formula for the *comedia*; the more careful, studied approach, a consolidation of the triumphs of earlier dramatists, dramatic craftsmanship replacing the often wayward if inspired inventiveness of Lope; the great importance given to theme and its illustration by means of the diverse elements of the play— plot (or plots), characters, settings, language; the consequent lack of concern with the 'realism' of the action in the interests of the universal truth of the theme; the nature of the language, essentially 'culto', distinguished by carefully constructed patterns of speech involving symmetry, parallelisms, enumeration, recapitulation, syntactical complication, learned allusion, and complex and brilliant imagery; the interplay of images based on the four elements, earth, air, fire, water; the many passages involving highly rational dialectic, or narrative speeches describing past events; and finally, the use of recurring motifs and symbols which, like the imagery, aid understanding of the meaning of a play and contribute to its universality—the symbols of the prison, the labyrinth, the runaway horse, the fall from a horse, various forms of light and darkness, all suggestive either of the spiritual confusion or emotional turmoil in which the individual lives, or of the overthrow of reason by passion or vice versa.[2] In short, the drama of Calderón, crowning the drama of the Golden Age in general, surpasses the achievements of predecessors and contemporaries alike in its perfect fusion of content and form. Within a framework of ideas which is essentially of the age in which he lived, Calderón created works of art which, in their power to express human conflicts and dilemmas, have a true universality.

The reappraisal of Calderón over the past three decades has been accompanied more recently by a growing appreciation of his contribution to the tragic drama, a genre whose very nature many critics have held to be wholly incompatible with the religious orthodoxy of seventeenth-century Spain and who, for that very reason, would exclude Calderón, the Catholic dramatist *par excellence*, from any form of genuine tragic writing.[3] The arguments surrounding the existence or absence of a tradition of tragic drama in Golden Age Spain are, of course, complex and cannot be adequately described here.[4] My purpose is firstly to outline a more recent view of Calderonian tragedy and subsequently to examine *Los cabellos de Absalón* against that background. Calderón, far from making no real contribution to tragic drama, seems to me the most profound and perceptive tragedian of the Golden Age.

An attempt to arrive at a definition of Calderonian tragedy has been made in recent years by A. A. Parker, to whom Calderón studies owe so much, with particular reference to *La devoción de la cruz, Las tres justicias en una,* and *El pintor de su deshonra*.[5]

At the heart of these plays there lies a "conception of diffused responsibility, of the impossibility of confining the guilt of wrongdoing to any one individual...".[6] In *El pintor de su deshonra*, for example, all the important characters are responsible in some way and all to some extent guilty, through imprudence, vanity, dishonesty and the like, for the final catastrophe. Don Juan Roca, after years of bachelorhood, imprudently marries, for social reasons, the young and beautiful Serafina. She is pushed into marriage by her father though her heart still lies with Alvaro, a former admirer now assumed dead. After the marriage Don Juan, accompanied by Serafina, visits an old friend, Don Luis, the father of Alvaro, and is delayed there long enough by his host's ostentatious hospitality for Serafina to attract the attention of another visitor, the Prince of Ursino. He is already conducting a secret courtship with Don Luis' daughter, Porcia, many of their meetings taking place at her father's country house. When the long-lost Alvaro suddenly returns and abducts Serafina, it is to this house that he takes her, keeping her there against her will. The Prince, seeing her there but realizing that he can never possess her, commissions a portrait which at least will be his. The artist is, ironically, Don Juan Roca. Meeting his innocent wife and her guilty lover in these unexpected circumstances, he murders them both, in accordance with the honour code of his day, and is left to dwell on the deed for the rest of his life. The events leading to the catastrophe form an intricate chain in which every individual constitutes a link.

This "pattern of interwoven human relationships" characterizes the other two plays and forms, according to Parker, a concept of tragedy which extends beyond the idea of the catastrophe stemming from a flaw in one individual to a much wider view that there is a flaw in every individual and that each man makes his contribution to the final disaster, be it individual or multiple. Thus,

> individuals are caught in the net of collective circumstance, in which they cannot know all the facts because they cannot see beyond their individually restricted range of vision. The fact that every single human action is a stone cast into the water of social

life, producing ripples that eddy out into unforeseeable consequences, makes it the inescapable duty of each man to look out-
wards towards other men, and not inwards towards himself.
Self-centredness, the self-assertive construction of a private world
of one's own, is for Calderón the root of moral evil.[7]

Parker describes the effect of the play upon the observer in
these words:

> From the recognition of the human predicament as consisting
> in the solidarity of all men in this inextricable intermingling of
> their actions, and therefore in their solidarity in wrongdoing,
> flows that sense of sadness which is the hallmark of the most
> typical Calderonian tragedy, and with this sadness a sense of
> compassion—not only pity for the wrongdoer because, although
> he is guilty, he is so to a large extent because others, both before
> him and with him, are guilty too, but also 'co-suffering'—the
> realization that the solidarity in wrongdoing of each one of us
> with the whole of humanity makes us sharers in the afflictions
> of human life.[8]

Similarly, Calderón's other honour plays, which many critics
would exclude from the tragic genre—*El médico de su honra, A
secreto agravio, secreta venganza, El alcalde de Zalamea*—must be
regarded as true tragedies. The formalism of the honour code,
which the wronged husband must obey, in no way minimizes
the very human situations in which the characters find themselves,
in no way lessens the anguish of the husband or father in his
pursuit of vengeance or the tensions and terrors of the wives
as they await an undeserved death. The catastrophe often stems,
moreover, from the human frailty and weakness of the individuals
concerned, from the interaction of circumstance, as well as from
the necessity to uphold the inflexible code of honour which is
itself the epitome of moral values so confused that revenge was
considered preferable to forgiveness. Once more tragedy is the
consequence of moral evil.

Both the honour plays and the three plays analysed by Parker
in his attempt to formulate a definition of Calderonian tragedy
deal with 'modern' situations inasmuch as they are set in the
modern as opposed to the ancient world and their plots have
either been invented by Calderón or borrowed from other dramatists. On other occasions, however, as in the case of the three

tragedies, *La hija del aire*, *El mayor monstruo los celos*, and *Los cabellos de Absalón*, he used stories taken from antiquity, whether classical, historical or biblical. The very fact that these were 'ancient' subjects implies in itself that they lent themselves more readily to the concept of tragedy originally formulated by Aristotle and which had appeared during the sixteenth and early seventeenth centuries both in translation and in the form of commentaries. The plays deal, therefore, with characters of high estate, with kings and queens and their associates, and with their fall from happiness to misery through some flaw or defect in their character, ambition, lust, jealousy, etc., which in turn arouses in the spectator the tragic emotions of pity and terror. For all their appearance of being classical-type plays in terms of the externals—subject matter and style, the use of prediction and prophecy, the elements of violence and horror, etc.—they have at their very centre, however, the essentially Christian problem of moral evil. The Aristotelian flaw is, in the drama of Calderón, the flaw which is the legacy of Original Sin, the imperfection which leads men to make mistakes, conscious or unconscious, which may then, in given circumstances, lead to the catastrophe. Man has, on the one hand, reason to guide him through the difficulties of life, while on the other weakness and imperfection threaten constantly to undermine its influence. The fate of the individual or individuals lies, therefore, in a choice of the right or wrong course of action, and while character and environment may incline or predispose a person to adopt the one which may indeed lead him to disaster, the ultimate responsibility for making that particular choice is his and his alone. These classical-type plays, dealing with 'ancient' subjects, are not, therefore, essentially different in the tragic view of life which they portray from those plays with 'modern' subjects. Taken as a whole, the tragic drama of Calderón, suggesting as it does the confusion, the complexity, and the unhappiness which life holds for so many people, represents the peak of tragic drama during the Golden Age.[9]

2. *La venganza de Tamar* and *Los cabellos de Absalón*

Many of Calderón's plays, no less than Shakespeare's, owe
a great deal to earlier sources, whether these be classical, historical
or the work of earlier dramatists, and represent the triumph of
his genius in transforming material that was often second-rate
and uninspired into something fresh, new and exciting. *Los
cabellos de Absalón* is, however, unique among the *refundiciones* of
Calderón because, for his second act, he virtually 'lifted' the
third act of Tirso's *La venganza de Tamar*. There is no other
example of borrowing on such an extensive scale in the whole
of Calderón's dramatic output. I shall return to this question later,
but for the moment a comparison of *Los cabellos de Absalón* and
La venganza de Tamar as a whole will enable us to see their similarities and differences as a preliminary step in trying to ascertain
Calderón's aims in this particular play and the extent to which
he realized those aims.

The first act of *La venganza de Tamar* begins by contrasting
Amón both with his father, David, in his liking for and prowess
in military campaigns, and with his younger brother, the vain
and handsome Absalón, in his equally ardent pursuit of the
courtly pleasures of love. Tirso, always interested in and fascinated
by the caprices of human nature, shows Amón to be weary of
battle and repelled at first by love, yet soon curiously excited
by the challenge of scaling the walls of his father's seraglio in
order to gaze upon the women who share the old man's bed.
Concealed in the darkness behind the forbidden walls, Amón
conceives a strange and overwhelming fascination for a beautiful
girl, unrecognized by him now but whom the very next morning
he knows to be his half-sister, Tamar. Torn thereafter between
the opposing forces of conscience and passion, Amón determines to possess the girl. The act ends as the wholesome
love of Josefo and Elisa, symbolized by their marriage, is
contrasted with the unbridled and destructive lust of Amón,
consumed by desire for his unsuspecting sister. Tirso, spot-
lighting sharply the strange character of Amón, brooding, intro-

8 INTRODUCTION

verted, full of contradictions, sets the action on its tragic course.

Act II reveals Amón, depressed and irritable, isolated in his chamber, disdaining to greet David as he returns victorious from foreign conquest and rejecting with bitterness the old man's solicitous inquiries about the causes of his melancholy. Then, in a dangerous game of pretence in which he persuades Tamar to play the part of an Ammonite princess with whom he claims to be in love, Amón acts out at second-hand his secret longing for his sister until she, at the instigation of her admirer Joab, terminates the interlude. Left to the mercy of his desire, Amón justifies his yearning for Tamar in terms of the natural law which is above and outside the accepted conventions of men such as the loyalty of subject to king or son to father. For Amón desire is all, a law unto itself, acknowledging no bounds or restrictions, admitting only its own satisfaction. The act culminates with the rape of Tamar.

The first act of *Los cabellos de Absalón* derives largely from the second act of Tirso's play. The material of Tirso's first act, with its portrayal of the introverted, brooding character of Amón and the episode of his secret entry into his father's seraglio, has thus been rejected by Calderón, who retained for his own first act only the essential details of his growing attraction to Tamar. The act begins in fact at a point corresponding to that part of Tirso's second act which depicts David's triumphant return to Jerusalem after the victory at Rabbah, and thereafter it follows the broad outline of the earlier play. Thus, David's pleadings with his melancholy son and the latter's impatience with his father are common to both plays. On the other hand, Calderón made certain changes and introduced new material which point to a new emphasis in his play and also anticipate his own third act. In his advice to Amón, for example, David introduces the familiar Calderonian idea of man's ability to control his actions and determine his own destiny:

... imperio tiene
el hombre sobre sí propio,
y los esfuerzos humanos,
llamado uno, vienen todos.   (175-8)

This, as events prove, has a relevance to all the important characters and therefore constitutes a significant and unifying theme
in the play. Secondly, attention is drawn at an early stage to
the ambition of Absalón which reveals itself in an aside to Tamar
(214-18) and which already heralds the greater importance which
he himself will have in Calderón's play. And, in conjunction
with this, a completely new character, Aquitofel, is introduced,
someone who is equally concerned with personal gain and who
will be associated with Absalón during the course of the action.

Tamar's visit to her brother and her agreement to play the
part of his beloved is again common to both plays. Calderón,
however, chose to omit all reference to the Ammonite princess,
whom Tamar pretends to be in Tirso's play, as well as to the
influence of Joab in making her break off the game of make-
believe. Rather, it is Tamar herself, recognizing the potential
danger of her own involvement, who desists. For his part, Amón
is presented as someone whose reason is becoming steadily more
subject to his passion for Tamar, as someone who fails on that
account to exercise over himself that self-discipline which his
father has earlier advocated and which Tamar herself exemplifies
at this point. In other words, Calderón has shifted the emphasis
in each case to the concept of 'libre albedrío' and its importance
in relation to these two individuals.

The events preceding Tamar's second visit to her brother
—Jonadab's hand in arranging it, David's anxiety to please his
melancholic son—are based closely on Tirso's play, though
Calderón's David has greater compassion and his relationship
with Amón more poignancy, but before the meeting between
brother and sister, which terminates the act in both plays, Calderón interposed some completely new material which constitutes
a major departure from the structure of Tirso's corresponding
act: the arrival of Teuca, the Ethiopian fortune-teller, and her
predictions relating to the future of Semey, Joab, Aquitofel and
Absalón. She is modelled, of course, on the flower-girl Laureta
who appears in Tirso's third act to tell the fortune of Amón,
Absalón, Adonías and Salomón. Calderón introduced her in
Act I because her predictions and the precise way in which

they are finally realized are central to his play as a whole, while she herself will play a significant part in Calderón's new Act III. Absalón's misinterpretation of the prophecy concerning his own destiny—his assumption that his ambition will lead to power, not destruction—corresponds to the earlier introduction of Teuca. His tendency to interpret prophecy in the light of his own desires, and to allow them to become his guiding-star, is something which is not, however, now unique to him. Calderón extends its application to all the important characters in the play, thereby giving the work a coherence and a universality which, in this respect, *La venganza de Tamar* does not have.

The assault on Tamar which concludes the act in both Tirso and Calderón has been tempered in tone by the latter. Tirso's Amón is blunt, direct, lacking in tenderness. Calderón's is at first more restrained, confessing his love to Tamar, even pleading with her. Only at the very last does he resort to violence.

This brief comparison of Calderón's first act with the corresponding material in Tirso's play reveals clearly enough certain differences in approach, involving both theme and structure. It is also the only act which allows a comparison of the style and technique of both dramatists. Tirso's portrayal of the triumphant return of King David consists, for example, of some seventy lines of high-sounding octaves in which he describes his conquest of Rabbah and greets his three wives, Micol, Abigail and Bersabé, and his children Tamar, Absalón, Adonías and Salomón. The following passage is typical of the declamatory and discursive style:[10]

> Si para el triunfo es lícito adquirido
> después de guerras, levantar trofeos,
> premio, si muchas veces repetido,
> aliento de mis bélicos deseos;
> si tras desenterrar del viejo olvido
> de asirios, madianitas, filisteos,
> de Get y de Canaan victorias tantas,
> inexhausta materia a plumas santas;   (285-92)

There follow some sixty lines of more informal conversation between David and the various members of his family. The corresponding scene in Calderón's play omits the three wives, allowing more emphasis to be placed on the four children who will, of course, be prominent in the subsequent action. Moreover, each child addresses David in turn with four lines of *silva* (1-16) and he replies briefly to each (23-34) before describing equally briefly the victory at Rabbah (35-44). Calderón's treatment of the scene reveals his customary economy in eliminating what he did not consider relevant to his dramatic purpose as well as a greater formality and stylization which are the hallmark of his style.

The first meeting between David and Amón may also be usefully compared. Tirso's style here is direct, simple and informal. Thus David:

> Hijo, ¿no quieres hablarme?
> Alza la triste cabeza,
> si ya con esa tristeza
> no pretendes acabarme.   (437-40)

Both he and Amón emerge with immediate force and conviction, their emotions unconcealed. Calderón's David, on the other hand, rationalizes more, offers his son advice upon life and human behaviour. Yet he is no less touching in his concern for Amón. In general the comparison reveals that both dramatists are effective in different ways: Tirso more direct, more forceful, sometimes more long-winded, Calderón more economical, more formal and stylized in his use of language, but just as human in his sympathies. What is particularly striking is the fact that, although the general pattern of his first act is virtually the same as Tirso's second, Calderón did not borrow a single line. The act is a model of recasting.

For his second act Calderón virtually borrowed Tirso's third. There are, however, certain differences. Teuca, introduced in Act I, reappears briefly, while Aquitofel is also made to appear once. In general, however, it is the omissions which account for Calderón's alterations, his act being some 130 lines shorter than Tirso's. The predictions of Teuca in Act I necessitated their omission in Act II. Calderón also omitted some of Tamar's vivid and forceful language in her reply to Amón at the beginning of the act. Later, in the pastoral scene (beginning 1534), a shepherd's song of twenty-four lines has been left out as well as a further four lines spoken just afterwards by Tirso's shepherd, Braulio. Before Teuca's entrance (1610), twenty-six lines given by Tirso to another shepherd of the same name have been excised. Similarly, twenty-seven lines in Tirso's play which are sung by the shepherds just before the murder of Amón do not appear in Calderón, while David's hallucination speech just before the end of the act (1864) is considerably shortened. The closing lines of the act have been changed in order to direct the attention of the audience to Calderón's new Act III in which Absalón will figure so prominently.

The differences between the respective acts of the two dramatists may be attributed, therefore, to the demands imposed upon Calderón by the recasting of Tirso's first two acts for his own Act I, to a cutting-down in material determined by his constant search for greater economy and precision, and to a desire to tone down some of the more forceful, even brutal, aspects of Tirso's act, such as the savage murder of Amón. The language of Calderón's act remains, of course, the language of Tirso and is therefore the most jarring feature of the act. Both Acts I and III contain the imagery which we associate with Calderón—the sun image, the imagery of light and darkness, the image of the labyrinth—as well as the formal and stylized language noted previously. Their absence in Act II—or rather the presence of a quite different style, more agile, discursive, spontaneous—creates a somewhat curious effect.

Calderón's new Act III focuses very sharply on David and Absalón. The former, on the intercession of Teuca, agrees finally to forgive the exiled Absalón and to allow him to return. His earlier forgiveness of Amón for the assault on Tamar is thus paralleled by the pardoning of Absalón for the murder of Amón. Immediately, however, Absalón begins to plot against his father, abusing his clemency in much the same way as Amón, forgiven for one crime against a woman, merely proceeds to pursue another soon afterwards (in fact, Tamar again, her face veiled). Mustering the forces from within his father's ranks, Absalón leads them against him and David takes refuge in the mountains. But then, in the midst of apparent victory, Absalón is suddenly caught by his hair in the branches of a tree and, suspended there, is killed by the spear of Jonadab. The prophecy that he will find himself 'en alto por los cabellos' has come grimly true, but in the way he least expected. The play closes with David holding the stage, lamenting the death of Absalón and acknowledging the irony of his own personal loss in the presence of apparent victory.

Such is the outline of the final act, the material of which is to be found in the relevant section of the Book of Samuel. Calderón expanded Tirso's play and took the story fullcircle, paralleling the career and the downfall of Amón with that of his younger brother and at the same time expanding the role of David around whom the entire action revolves. Taken as a whole, therefore, *Los cabellos de Absalón* has a fine architectural sweep and a sense of completeness. The third act in itself is, on the other hand, rather long, some 300 lines longer than either of the previous acts, and contains minor characters and incidents which might well have been omitted or better integrated. I shall attempt to account for this later. The new title of Calderón's play has been taken to indicate a shift of emphasis in his play to the character of Absalón who is given added importance as early as Act I. That I do not see the title in this light will be seen in my section on the play as tragedy.

This brief comparison of the two plays will have given some idea of the differences in structure, theme, treatment of character and style which are, of course, typical of the work of Tirso and Calderón in general. *La venganza de Tamar* is undoubtedly a fine play in its own right, on the one hand a play which reveals that power of characterization with which Tirso is rightly credited, on the other a play which possesses that seriousness of intention associated with, for example, *El condenado por desconfiado* and *El burlador de Sevilla*. If, on a surface level, Tirso's play seems to be an uncomplicated case of crime and punishment from which an obvious moral lesson may be drawn, King David appears in the end to symbolize an immense love that survives tragedy itself. In changing the biblical material in such a way that the conflict between justice and mercy becomes the dilemma with which David is confronted—a theme which Calderón also took over—Tirso made him the advocate of forgiveness. When at the end of the play murder, violence and treachery seem to be the sum of man's achievements, David's enduring love seems somehow analogous to the love of God who sent Christ, His only Son, to a death that would atone for the evil of mankind. As A. K. G. Paterson has observed:

> Tirso has so handled his topic that we are left free to discover, within a vision of violence, a truth that faith asserts in the face of violence. Tragic outrage, ruthlessly and even perhaps cruelly exploited by Tirso, is part of a deeply compassionate purpose.[11]

To conclude this comparison between the two plays, one question remains to be answered: Why in fact did Calderón borrow so extensively from Tirso for his own Act II when his normal practice in using the material of other dramatists was to transform it so completely that the effect was of something new and quite original? The suggestion originally made by Cotarelo y Mori that Calderón felt he could not improve upon Tirso's act cannot be taken seriously. The view of Otto Rank and Valbuena Prat that Calderón, though attracted by the theme of incest, found it ultimately repugnant and therefore avoided the issue by merely copying Tirso can apply to only a very small part of Act II since most of it deals with other things. A. E. Sloman has suggested that, having started work on the play by recasting Tirso's first two acts, Calderón then lost interest in it, or otherwise was required to provide a play at short notice.[12] My analysis of Calderón's play will, I hope, show that he had a very clear idea of what he was about and that in terms of theme it is a coherent and balaced work. Seeing Tirso's third act as the centrepiece of his own play, Calderón reworked Tirso's first two acts for his own Act I. He then wrote his own third act, intending to polish it further after rewriting Tirso's act which was temporarily inserted as the middle act of *Los cabellos*. The play, as we have it, remains in this unfinished form, lacking the customary polish and care of Calderón's best plays. But its defects do not, in my opinion, outweigh its merits or conceal its essentially Calderonian themes.

3. *Los cabellos de Absalón:* an Interpretation

Critical attitudes towards *Los cabellos de Absalón* have varied considerably since the nineteenth century when Shelley was much moved by Calderón's presentation of the incestuous desire of Amnon and David's terrible predicament as a father, and A. F. von Schack, echoing the German Romantics' enthusiasm for Calderón's plays in general, could describe the plays thus: «Esta magnífica tragedia ocupa lugar preferente entre las obras de nuestro poeta.»[13] At the end of the century Menéndez y Pelayo, reflecting a change of taste which saw the apparent 'realism' of Lope as greatly preferable to the stylization of Calderón, initiated a long period of neglect which lasted until the 1930's when his rehabilitation commenced in Spain with the critical studies of Angel Valbuena Prat, notably in the *Historia de la literatura española* of 1937 and his *Calderón* of 1941, and in England with the early studies of E. M. Wilson and A. A. Parker. In the more recent *Historia del teatro español* (1956), Valbuena praises *Los cabellos de Absalón* as a play which reveals "las cimas del poeta, y los abismos intuidos u ocultos del descubrimiento poético de las zonas trágicas y turbias del alma humana..."[14] In 1958 A. E. Sloman dedicated a whole chapter to the play in *The Dramatic Craftsmanship of Calderón*, extolling some of its qualities but concluding that "it lacks the unity and the attention to detail of his best work".[15] A. Valbuena Briones, in his *Perspectiva crítica de los dramas de Calderón* (1965), seems to concur with Sloman about the "falla de la estructura de la pieza", but argues that it is offset by "el acento humano y pungente que acción y versos destilan".[16] Finally, in 1968, H. F. Giacoman prefaced his edition of the play with an interpretation which acknowledges a debt to Sloman but sets out to "analizar... ciertas variantes apuntadas, de un modo general, por este crítico".[17]

All the critics mentioned above fail in some respect—either because of excessive generalization or a wrong initial premise— to do justice to Calderón's play, in particular to its tragic character and to its relationship to Calderón's concept of tragedy in general. The interpretation of the play which follows owes much to an article in which I attempted to counter Sloman's view, which seemed to be becoming too widely accepted, that as a tragedy *Los cabellos de Absalón* "is untypical of Calderón's best work".[18]

Calderón's concept of tragedy has its roots, as we have seen, in an essentially Christian view of life which sees man as fundamentally weak and prone to error, endowed with reason on the one hand to help him avoid those pitfalls into which his human imperfections may lead him, yet often falling tragically when, for one reason or another, reason fails to prevail, and, far from being master of his fate, he becomes the victim of his own fallibility. Such is the concept which predominates in *Los cabellos de Absalón*, which is exemplified by every important character with the exception of Salomón, which gives the work a unified vision, and which certainly makes it typically Calderonian.

In Act I Calderón introduced the very important idea of individual responsibility and the power of every human being to control his actions and therefore fashion his destiny. Thus David in his advice to the melancholy and despairing Amón:

> ... imperio tiene
> el hombre sobre sí propio,
> y los esfuerzos humanos,
> llamado uno, vienen todos.   (175-8)

Secondly, much later in Act I, the prophecy of Teuca and its interpretation by Absalón in the light of his own desires and ambitions represents a major structural departure from Tirso's play where the prophecy occurs in Act III. The two incidents taken together constitute the theme of the play: on the one hand an assertion of the power of reason and self-discipline, on the other an example of man's readiness to follow the promptings of his whims and fancies, to interpret and often distort events in accordance with his inmost desires. This contradiction within the individual, the clash between reason and passion—to put it in its simplest form—is at the very heart and centre of the play and is unfolded from the very beginning with unerring clarity.

David, in stressing the power of the individual to control his destiny, asserts a universal truth but does so with an over-confidence that is grimly ironic in the light of later events. His confidence stems naturally enough from his own triumphs, both on the battlefield and in having himself repented of a past life marked by adultery and murder. He appears to be justified in seeing his own experience as an example of the practical effects of the advice which he gives Amón, while his present victory and his happy reunion with his family and his people seem to underline the success which he has made of his own life. Beneath the apparently calm and unruffled surface, a disquieting and ominous undercurrent of hatred and resentment soon reveals itself, however, in the callousness with which Absalón regards the illness of Amón, hoping that his death will remove the one obstacle which prevents his becoming heir to his father's throne. The initial impression of family unity and solidarity, and of David's strength and infallibility as father of his children and his people, begins to disintegrate before the spectacle of the hatred of one son for another which has clearly been inflamed, if not ultimately caused, by David's special affection for Amón. That he should love and cherish his eldest son and heir is, of course, perfectly natural, but the evidence of the play—David's pleadings with Amón, Aquitofel's eagerness to acquaint David with the truth (clearly exploiting his feelings in the hope of a reward), Absalón's bitterness, David's subsequent forgiveness of Amón at the expense of Tamar—all points to an excessive, even indulgent, concern for one child in preference to the others. At the beginning of the play it has not produced really serious repercussions, as it does later. Nor does David seem to be aware of any bias on his part or of Absalón's resentment. But it is already an aspect of his relationship with his family which could, in given circumstances, prove dangerous, and a clear sign of something, albeit very human, which strikes at the very heart of that complete control over one's affairs which David so confidently advocates. Calderón, in the midst of David's victory and magnificence, makes us very aware of his fallibility, of the fact that as a human being he has an immense love for his eldest son which is as much a potential weakness as it is a redeeming virtue.

The importance of love as a vital element in David's character may itself be explained, I believe, by his own past. He is very conscious of his own sinfulness, epitomized by his killing of Uriah and his adultery with Bathsheba, and of the mercy which God has shown towards him. The love extended by God to him becomes, therefore, something which he in turn extends to his children, who are after all living reminders of his past excesses, and to his eldest son, heir to his throne, in particular. The conversion of David from a man of violence and lust into the epitome of love and compassion is entirely credible and natural, but it carries with it that danger of over-compensation which is attendant on a transformation so complete. David's love, being excessive, becomes a weakness rather than a strength, clouds his judgement, and therefore distorts his clear apprehension of reality. He may indeed assert with confidence the power of free will, of man's ability to be the master of his fate, but what is equally clear is that while David's past does not determine his present or his future actions, it undoubtedly influences them, for he now has a predisposition to love which stems from his own forgiveness by God. And it is precisely this aspect of his character which comes under greatest pressure when, later in the play, David is called upon to reconcile love and justice, to act as father and as king. His failure to strike a balance contributes largely to the tragic events which follow, a tragedy which stems quite clearly not from deliberate evil on David's part but from his very human imperfection and fallibility. It does not, of course, absolve him of the ultimate responsibility for what ensues, but the very fact that the catastrophe is the result not of conscious evil but of human weakness is what determines the extent of our pity for him. To recognize that he has the weapons of reason and judgement with which to combat weakness and imperfection is not to exclude compassion for him when he fails to do so. Calderón's presentation of David as someone in whom love creates irresolution and weakness is precisely what distinguishes him from Tirso's David, whose love and mercy are heroic and enduring qualities which survive tragedy itself. It is a typically Calderonian presentation of that weakness from which tragedy may spring, and it therefore constitutes the corner-stone on which the entire play firmly rests.

The role of Amón is also different in Calderón's play. He elected to omit most of the material of Tirso's first act where Amón emerges as an introverted, brooding character, sick of war and unattracted by love, and concentrated entirely on his growing desire for Tamar which culminates in rape. The effect of this change of emphasis is, I believe, to focus attention fully upon the conflict that rages within him in relation to this one particular issue and to make clear the relative importance of character, upbringing and circumstance in the resolution of that conflict. If Calderón's portrayal of Amón is less detailed and wide-ranging than Tirso's, it is entirely relevant and appropriate to his particular handling of the theme.

Firstly, if Amón's failure to overcome his passion for Tamar singles him out, by the end of Act I, as someone who is weak and lacking in self-discipline, who falls short of that ideal of reason and self-control advocated by his father, it does not seem inconceivable that his character is to some extent shaped by his father's obvious over-indulgence of him. If he is by nature weak and lacking in resolution, it follows that David's unconcealed and excessive love for Amón, which after all appears to be common knowledge—Absalón resents it, Aquitofel exploits it—is hardly likely to teach him the value of self-discipline. To this extent the defects in Amón's character are consolidated by David's misguided, though very natural, pampering. Secondly, the particular circumstances in which Amón finds himself—not only attracted by the beautiful Tamar but almost unavoidably in her company—are such as are calculated to exploit those very defects, stretching to its absolute limits what self-control he has.

Amón's predicament is therefore one in which a number of factors come together to incline, even if they do not ultimately determine, his actions, to influence his decisions even if the final responsibility for making them is his and his alone. Furthermore, it cannot be said of Amón, as it can of Absalón, that he is an unscrupulous villain whose death is entirely deserved.

On the contrary, he attempts during the course of Act I to come to terms with his passion for Tamar by avoiding her and by refusing to reveal to anyone the cause of his indisposition. Even if fear and guilt are the actual deterrents, they are evidence of conscience. The breaking-down of Amón's resistance is thereafter a gradual if inevitable process for which he is not entirely responsible. On the one hand, Jonadab has a hand in it, and Tamar herself, though perfectly innocent, agrees to play the game in which she enacts the role of his beloved, thereby unconsciously fanning the flames of his passion. If Amón is torn between the promptings of reason and conscience on the one hand and the tempting vision of physical pleasure with his sister on the other, a series of factors and events contribute to making that dream a reality, opening the floodgates of passion, sweeping aside the barriers of reason and restraint, and destroying in the process what goodness Amón once had.

A certain goodness is clearly evident in Amón's conscious attempt to grapple with and overcome his passion for Tamar. He does not set out with deliberation to possess her, and if he is eventually guilty of deliberate evil against her, this is not so much premeditated as a gradual surrender of the good side of his nature to the bad in circumstances which exploit the latter. As in the case of his father, the attributes of reason and judgement are accompanied by weakness and imperfection, and, of course, his crime against Tamar is not unlike the sexual crimes of which David himself was guilty. In linking father and son in this way Calderón followed the outline of the biblical story in which David's criminal past is paralleled by the crimes of his children. But he also introduced into the father-son relationship that subtle cause and effect process which is so characteristic of his drama. Amón's actions are not only similar to his father's; they seem to be inextricably linked to them. And it is beyond dispute that after Amón's crime against Tamar, David's contribution to the ensuing tragedy is crucial.

If there is one event in the play which makes the subsequent events almost inevitable it is David's forgiveness of Amón's assault on his sister. Faced by a situation in which firmness is required, in which the demands of justice must be weighed against paternal love, David, knowing where his duty lies even if its execution is difficult, and that Tamar is as much his daughter as Amón is his son, weakly comes down on Amón's side, abdicating his true responsibilities both as king and father. That excessive love of Amón, suggested at the very beginning of the play, is seen to be a proven fact and a fundamental weakness in David's relationship with his children. If initially it contributed to Amón's lack of self-discipline and fed in turn the envy and resentment of Absalón, it now proves catastrophic, fanning the fires that burned slowly into a blazing inferno in which all are consumed.

The effect of forgiveness upon Amón is to delude him into the belief that he can get away with anything. After the assault on Tamar he is filled not only with disgust but trepidation, fully expecting his father's punishment. To escape without reprimand is not only an immense surprise and relief to Amón, it is a positive spur to his weak and self-indulgent character, and it is not long before he is again pressing his favours on another beautiful creature and, failing to win her by persuasion, again contemplating violence. Ironically the woman proves to be Tamar, disguised and veiled, and this time it is Amón who loses, not merely his honour but his life. Thus, even allowing for the fact that a tendency to self-indulgence and a fundamental lack of self-discipline are inborn facets of Amón's character and that in the last resort his failure to cope with them is his own responsibility, it cannot be disputed that David's treatment of him encourages and consolidates those defects of character, further inclining Amón to behave as he does.

David's forgiveness of Amón and his consequent neglect of his daughter changes her completely from the affectionate and sympathetic woman of Act I to the distraught and embittered creature of Act II. At the beginning of the play she reveals love and concern for Amón in his affliction, and, although sympathetic too with the ambitions of Absalón, does not wish to see them realized at the former's expense. She encourages Amón to unburden his secret, agrees—somewhat indiscreetly—to enact the role of his beloved, and brings him his food. Her goodness and selflessness stand out, forming a striking contrast to the hate and single-minded thirst for vengeance that drives her in Act II, the enormous change in her character serving very effectively to place the major responsibility for it at David's feet. Her plea for justice moves the very stones to feel for her, yet David, her own father, is more unyielding. In Tamar's eyes his forgiveness of Amón is no less treacherous, no less a betrayal than her brother's violation of her. By failing to grant her the justice that is surely hers, David merely sharpens her desire for it, driving her to conspire with Absalón against both Amón and himself. If it can be argued that in these circumstances Tamar could choose to forgive, and refuse to aid Absalón, it is surely true that to do so would require superhuman qualities. She is very human—the fury of a woman betrayed. But more than that she is tragic, not only because her initial goodness is destroyed but because it is destroyed very largely through the fault of others. More innocent than anyone else in the play, she finds herself at the very centre of the maelstrom, and is remorselessly engulfed by it.

Of the three children, Absalón is the most deliberately evil and invites least sympathy, but even so it is David who creates the situation in which his evil intentions can take on concrete shape. He is by nature ambitious and would in any case resent the claims of Amón to his father's throne. The interpretation which he of his own accord puts on the unadorned words of Teuca is sufficient evidence of his natural ambition. On the other hand, there can be no question that David's blatant over-concern for Amón inflames Absalón's hatred of him, while his forgiveness of Amón's crime presents Absalón with the opportunity of furthering his own ambitions under the pretext of taking up the cause of his dishonoured sister. Prior to this, Absalón's designs upon the throne were mere daydreams, existing in a vacuum. It is David's weakness which creates very largely the conditions for their realization. Of course, in the last resort Absalón, like all the others, is entirely responsible for his actions and is the architect of his own downfall, but again a predisposition to ambition and a set of particular circumstances are highly influential if not determining factors in fashioning his behaviour.

The actions of David following his forgiveness of Amón create step by step the circumstances in which, given the characters of the individuals involved, the catastrophe is almost inevitable. Firstly, he allows Absalón to take Tamar to his estate although he is fully aware of their hatred of Amón at this stage and of the opportunity which they will now have of plotting against him. Even worse, he soon accedes to Absalón's request that Amón visit them there to take part in the banquet. Fearful as he is of the consequences, David is completely confused and torn by conflicting emotions, praying for Amón's safety on the one hand, apparently trying to appease Absalón and Tamar on the other. Irresolution and indecision, far from preventing Amón's death, largely contribute to it, and at the end of Act II David can only weep as he surveys the corpse of his favourite son.

Act III continues the pattern, though it is Absalón who now comes to the forefront. Having lost Amón, David welcomes back Absalón, forgiving him for murder just as he forgave Amón for rape. David is perfectly aware of Absalón's designs upon the throne, but his reason seems to be dulled by a desire to find in him a compensation for the loss of Amón, to replace one son with another. In effect, of course, David merely presents Absalón with an opportunity denied him in exile but now grasped eagerly: to conspire against his father and occupy the city. David's weakness both as father and as king is emphasized by the resolution with which Joab finally kills Absalón:

> Menos una vida importa,
> aun de un príncipe heredero,
> que la común quietud
> de la restante del reino.
> La justa razón de Estado
> no se reduce a preceptos
> de amor: yo le he de matar.   (3140-6)

His total lack of comprehension of the extent to which he has by his own attitudes and actions contributed to the catastrophe emerges very clearly when, at the end of the play, he attributes disaster to divine intervention. Thus to Semey:

> Ministro eres de Dios, que el castigarme
> envía ...   (3007-8)

And just before this:

> ... pero maldice al hado,
> no a mí, pues que la culpa yo no he sido.   (2992-3)

David's utter loneliness and lack of understanding are a sad and ironic contrast to the pride and confidence with which he asserted the power of the individual to control his own affairs at the beginning of Act I.

In *Los cabellos de Absalón*, as in many other plays, Calderón shows how tragedy is the outcome on the one hand of "self-centredness, the self-assertive construction of a private world of one's own", and on the other of the interplay of individuals and circumstance. David, Amón, Absalón, and even Tamar all construct their private worlds, look ever more inwardly as the play progresses until they cannot see beyond the confines of their self-made prisons. Thus David is the prisoner of his self-centred love, first for Amón, then for Absalón. Amón is more and more the prisoner of his obsession for Tamar. Absalón is the slave of his ambition which becomes his guiding star. And Tamar, good and innocent at first, becomes a self-centred monster in her single-minded pursuit of vengeance. Furthermore, the catastrophe occurs precisely because a self-centred preoccupation is not only shared by a number of characters but because those individuals, being in close contact with each other, affect each other, their attitudes and actions shaping, nurturing, deepening the particular preoccupation of each individual. David's excessive love for Amón sharpens the envy, resentment and ambition of Absalón, undermines the self-control and self-discipline of Amón himself and thereby creates the circumstances in which Amón's obsession for Tamar may grow. David's forgiveness of Amón allows the ambition of Absalón to realize itself in first removing Amón and then conspiring against David himself. Amón's assault on Tamar affects her personality deeply, turns her against him and David and makes her a party to the designs of Absalón. While the pattern may not be quite the same as that described by A. A. Parker in *El pintor de su deshonra*, *La devoción de la cruz*, and *Tres justicias en una*, in which individuals act imprudently or wrongly without knowledge of the equally wrong and imprudent actions of others elsewhere, yet all contribute to the final catastrophe: the interdependence of human beings and the effect of their attitudes and actions upon each other is central to *Los cabellos de Absalón*.

In choosing this title for his play, Calderón intended, I believe, to symbolize in it that self-centred concern which is shared by all the major characters. The hair of Absalón is itself symbolic of his vanity, of his narcissistic view of himself which blinds him to all else, turning him inwards upon himself to the exclusion of all others. The image of the narcissus, originally used by Tirso, and applied mainly to Absalón, had for Calderón a meaning which he saw to be relevant to David, Amón and Tamar. They, no less than Absalón, live in their private and self-centred worlds, absorbed by their own image. The new title, therefore, far from indicating a desire on Calderón's part to make Absalón the protagonist of his play, as has been suggested, is the key to the meaning of the play as a whole. The role of Absalón is certainly much greater than in Tirso and that of Amón smaller, but the effect is one of greater balance and symmetry. Significantly, Amón is prominent up to David's forgiveness of him, Absalón from that point on, while the forgiveness itself occurs in the middle of Act II, the pivot around which the action revolves. David, moreover, is constantly seen in relation to both of them. Viewed in this way, *Los cabellos de Absalón*, for all its appearance of being unfinished, has a clear structure which allows us to see how Calderón approached Tirso's play, reshaping and expanding it in a way which reflects his conception of the theme.

The extension of the meaning of the play's theme to mankind in general is achieved, as is Calderón's practice in other plays, through the use of certain symbols and motifs which have come to be regarded as peculiarly his. The symbol of the prison, whether it be the gloomy tower of Segismundo or the dark cave of

Semíramis, represents the darkness of the spirit in which man lives, a prisoner of his shortcomings, deprived of the light of reason. The symbol of the maze or labyrinth reflects the confusion and complexity of human life through which man gropes his way. His reason may light the way ahead and help avoid the pitfalls that await him, his defects on the other hand may lead him further and further into the maze until there is no escape.

The prison motif finds expression in Act I in Amón's room, its windows closed and shuttered to keep out the light. Amón, his reason overwhelmed by his passion for Tamar, dwells in spiritual darkness. But he is not alone, for David, Absalón and Tamar are increasingly the prisoners of their failings and live within the confines of their obsessions. The symbol of the labyrinth is applied to Absalón when his horse bolts into the wood at the end of the play:

> por la espesura se entra
> de las encinas . . .   (3118-19)

Ambition has plunged him into a situation from which there is no escape but death. But David too flees into the rugged and maze-like mountain, the symbol of his own confusion. The characters of *Los cabellos de Absalón* are indeed linked one to another and, by extension, to the family of man in general. Far from lacking the 'familiar pattern' of Calderón's best plays, *Los cabellos de Absalón* has it in full and is a powerful expression of his tragic view of life.

4. The Text

Since there is no manuscript of the play, the various printed versions must serve as our basis for establishing the text. The versions which I have found to be important in this respect are as follows:

1. The British Museum *suelta* contained in a volume of thirteen plays, the volume entitled *Comedias Nuevas. P. IX.*, catalogued C.108.bbb.20 (9). It has no date, place of publication, foliation or pagination. Hereafter I call it BM.

2. The Biblioteca Nacional *suelta* contained in a volume of thirteen plays, the volume entitled *Libro extravagante de comedias*, catalogued R.11781, dated Toledo 1677, without foliation or pagination. I call this BN.

3. The Boston Public Library *suelta* contained in a volume of eighteen plays, the volume entitled *Comedias*, catalogued D.173.2.v.I. It is undated, without place of publication, foliation or pagination. It will be called B.

4. The British Museum *suelta* contained in a volume entitled *Comedias Nuevas de los más célebres autores, y realzados Ingenios de España. En Amstardan, A Costa de David García Henríquez*, dated 1726, catalogued 11725.cc.8. I call this A.

5. The *Octava Parte de Comedias del célebre poeta español Don Pedro Calderón de la Barca... que... publica Don Iván de Vera Tassis y Villaroel*, Madrid, 1684; the copy consulted is in the British Museum, catalogued 11725.f.5. I call this VT.

The five printed versions, in the order given, are those essential to establishing a reliable text of *Los cabellos de Absalón*. Other versions appear to derive from them, being either reprints or the same text in a different edition. Thus, the British Museum *suelta* catalogued 11728.a.74, undated, has the same text, after the first line, as the Amsterdam text of 1726. The Boston Public Library *suelta* seems to be identical with those in the New York Public Library, the University of Chicago, the University of North Carolina and the University of Southern Illinois. The Biblioteca Nacional has a pseudo-Vera Tassis version, catalogued R/11352 (3), as does the University Library, Cambridge, while both have a clear relationship with the London Library copy, catalogued P. 1050 (19). None of these texts alters the conclusions which emerge from a comparison of the five texts described above.

The priority of BM over the four other texts can be established easily enough by comparing the second act with Act III of Tirso's play. BM, as the following examples suggest, has a closer textual relationship to Tirso's play and would therefore seem to be nearer it in time than BN, B, A or VT:

1016 Tirso and BM: y a mi dame mas enojos
       BN, B, A, VT: y me das tales enojos?
1346 Tirso and BM: El adulterio omicida
       BN, B, A, VT: Adulterio y omicidio

Secondly, in Acts I and III BM contains perfectly good readings which are different from or better than those of the other texts, and also readings which, although imperfect, are clearly near the mark while being quite different from the readings of the other texts:

923 BM: Como, pues, cantad vosotros
     BN, B, A, VT: Ea, pues, cantad vosotros
2919 BM: que quitan, y ponen Reyes
     BN: que quitar, y ponen Reyes
     B, A, VT: que quitar, y poner Reyes
2938-40 BM: o lo haze porque yo,
              al ir a fauorecerle,
              deste aspid que en el seno
     BN, B, A, VT: aborreciendo el vivir,
              amando la acerba muerte.
              Este aspid que en el seno

For all its imperfections BM is clearly a unique text. I have therefore followed it as the basic text, departing from it only when its readings are clearly incorrect or nonsensical, indicating such departures in the notes and giving instead the reading of BN, B or A, whichever seems preferable, and in Act II making careful use of Tirso's play where necessary.

At the same time BM, BN and B must be closely related because, with few exceptions, the layout of the text is identical in all three: pages begin and end with the same line, the same lines are missing, the stage-directions follow the same pattern even to the extent of an individual word running from the end of one line into the beginning of the next. Against this, an example such as the last one given above suggests that BN and B cannot derive directly from BM but that there must have been an intermediate source, now lost.

Of BN and B, the former is closer to BM in its readings:

189	BM, BN:	ya que las ternezas mias
	B:	ya que las certezas mias
428	BM, BN:	y su sentimiento no
	B:	y su sufrimiento no
721	BM, BN:	el gusto es de tu venida
	B:	el gusto de tu venida

Many other examples point to the same conclusion.

A differs from BM, BN and B in its layout, but a clear relationship to them is again indicated by the presence of the same errors and the omission of the same lines. The evidence, as the following examples suggest, point to B's derivation from BN and A's derivation from B:

	BN	B	A
136	Tan poco	Tampoco	Tampoco
152	enojos	enojos?	ojos?
155	resistir	resiste	resiste
168	esso es mi	esso mi	esso mi
189	ternezas	certezas	certezas
231	de anxeo	de anxeo	de talego
428	sentimiento	sufrimiento	sufrimiento
693	las naues	las aves	las aves
820	justamente	injustamente	injustamente

In each of these cases BN is correct. In seven cases B and A have the same mistake, but in the other two—152 and 231—B has BN's correct reading while A does not. It would seem that A is derived from B and that in the process further corruption has taken place.[19]

VT is, of course, quite a different case. Vera Tassis, as is well known, often made completely arbitrary changes in his so-called 'correct' versions of Calderón's texts, although it must be said that some of his guesses undoubtedly restore the original reading. Where lines or parts of lines are missing in BM, BN, B and A, I have therefore elected to give VT's reading. I have preferred, on the other hand, to give his rather more elaborate stage-directions in the Notes.

Spelling and punctuation have been modernized except when, in the case of the former, the prosody or pronunciation would be affected. The old forms *vezes, esse, quando, quexa*, etc., are therefore given as *veces, ese, cuando, queja*, but *agora, vitorioso, efeto*, etc., are retained, as well as the conjunction *y* before initial *i* or *hi*, the old infinitive+pronoun forms, *dalle* (modern *darle*), and the old forms of the imperative, *dalde* (modern *dadle*). I have also tried to retain the stage-directions of the early texts as far as possible, avoiding the often unnecessary modern practice of employing more and more elaborate stage-directions in order to make clear what is, in fact, usually quite clear in the dialogue itself. Additional stage-directions and asides, as well as other emendations, are put in square brackets.

NOTES TO THE INTRODUCTION

1. Calderón's life has been dealt with by E. Cotarelo y Mori, *Ensayo sobre la vida y obras de Calderón*, Madrid, 1924; C. Pérez Pastor, *Documentos para la biografía de D. Pedro Calderón de la Barca*, Madrid, 1905; Narciso Alonso Cortés, "Algunos datos relativos a don Pedro Calderón", *RFE,** i (1915), 41-51; José Simón Díaz, *Historia del Colegio Imperial de Madrid*, 2 vols., Madrid, 1952-9; E. M. Wilson, "Fray Hortensio Paravicino's Protest against *El Príncipe constante*", *Ibérida, Revista Filológica*, Rio de Janeiro, no. 6, 245-66; and E. Juliá Martínez, "Calderón en Toledo", *RFE*, xxv (1941), 182-204.

2. See the following studies: A. E. Sloman, *The Dramatic Craftsmanship of Calderón*, Oxford, 1958, and his edition of *La vida es sueño*, Manchester, 1961; E. M. Wilson, "The four elements in the imagery of Calderón", *MLR*, xxxi (1936), 34-47; A. A. Parker, "Metáfora y símbolo en la interpretación de Calderón", *Actas del Primer Congreso Internacional de Hispanistas*, Oxford, 1964, 141-60; A. Valbuena Briones, *Perspectiva crítica de los dramas de Calderón*, Madrid, 1965, 35-69; P. N. Dunn, introduction to a critical edition of *El alcalde de Zalamea*, Pergamon, Oxford and London, 1966; M. S. Maurin, "The monster, the sepulchre and the dark: related patterns of imagery in *La vida es sueño*", *HR*, xxxv (1967), 161-78; G. Edwards, introduction to a critical edition of *La hija del aire*, London, 1970; Margaret Wilson, *Spanish Drama of the Golden Age*, Pergamon, Oxford and London, 1969;

* For list of abbreviations of journals see p. 32.

D. Moir and E. M. Wilson, *A Literary History of Spain. The Golden Age: Drama 1492-1700*, London, 1971.

3. See, for example, Clifford Leech, *Shakespeare's Tragedies and other Studies in Seventeenth-Century Drama*, London, 1950, 18-19.

4. See I. L. McClelland, *Tirso de Molina: Studies in Dramatic Realism*, Liverpool, 1948, 2; R. R. MacCurdy, *Francisco de Rojas Zorrilla and the Tragedy*, Albuquerque, 1958, 9, 137.

5. "Towards a definition of Calderonian tragedy", *BHS*, xxxix (1962), 222-37.

6. *Art. cit.*, 228.

7. *Art. cit.*, 233.

8. *Art. cit.*, 236.

9. For an analysis of *La hija del aire* and *Los cabellos de Absalón* see G. Edwards, "Calderón's *La hija del aire* and the classical type of tragedy", *BHS*, xliv (1967), 161-94, and "Calderón's *Los cabellos de Absalón*: a reappraisal", *BHS*, xlviii (1971), 218-38.

10. References are to the edition of *La venganza de Tamar* by A. K. G. Paterson, Cambridge, 1969.

11. Introduction to *ed. cit.*, 27.

12. For these differing views see the chapter on Calderón's play in A. E. Sloman, *The Dramatic Craftsmanship of Calderón*.

13. *Historia de la literatura y del arte dramático en España*, Madrid, 1885-7, iv, 396-7.

14. See p. 175.

15. See pp. 115 and 127 in particular.

16. See p. 249.

17. *Estudio y edición crítica de la comedia Los cabellos de Absalón*, Estudios de Hispanófila, University of North Carolina, 1968.

18. *Art. cit.*, *BHS*, xlviii (1971), 218-38.

19. For useful comments on the texts and on certain textual problems I am indebted to Professor E. M. Wilson, Dr. Victor Dixon, and in particular to Mr. John Alden, Keeper of Rare Books at Boston Public Library, who helped to unravel some especially difficult points concerning the Boston Public Library *suelta*. As far as the date of composition of Calderón's play is concerned, H. W. Hilborn puts it around 1634 in his *A Chronology of the Plays of Calderón*, Toronto, 1938. Tirso's *La venganza de Tamar*, as A. K. G. Paterson suggests in the introduction to his edition of the play, may first have been written in the period 1621-4, was then rewritten several times, and appeared in a final printed version in the *Parte tercera de las comedias del Maestro Tirso de Molina* in 1634. I would put Calderón's play after this date, in the latter half of the 1630's, though its unfinished character could clearly have something to do either with his participation in the military campaigns of the early 1640's or with the closure of the theatres after 1644. On balance I would opt for the late 1630's.

5. Summary of Verse Forms Used

Act I	1-134	Silva
	135-360	Romance (o-o)
	361-590	Décimas
	591-988	Romance (e-o)
Act II	989-1073	Quintilla
	1074-1153	Octavas
	1154-1369	Romance (o)
	1370-1533	Décimas
	1534-1537	Canción
	1538-1613	Romance (a)
	1614-1833	Redondillas
	1834-1863	Décimas
	1864-1923	Romance (e-o)
Act III	1924-2361	Romance (e-a)
	2362-2513	Silva
	2514-2653	Redondillas
	2654-2955	Romance (e-e)
	2956-3075	Octavas
	3076-3231	Romance (e-o)

6. Select Bibliography

List of Abbreviations of Journals Referred to Here and in the Notes to the Introduction

BHS   Bulletin of Hispanic Studies
HR   Hispanic Review
MLR   Modern Language Review
RF   Romanische Forschungen
RFE   Revista de Filología Española
TDR   Tulane Drama Review

1. ON *LOS CABELLOS DE ABSALÓN*

SCHACK, A. F. VON, *Historia de la literatura y el arte dramático en España*. Translated by E. de Mier, Madrid, 1885-7, iv, 396-7.

MENÉNDEZ Y PELAYO, M., *Calderón y su teatro*, Madrid, 1881. Also *Estudios y discursos de crítica histórica y literaria*, Madrid, 1941, iii, 172.

COTARELO Y MORI, E., *Ensayo sobre la vida y obras de Calderón*, Madrid, 1924, 120, and *Comedias de Tirso de Molina*, I, lviii.

VALBUENA PRAT, A., *Calderón*, Madrid, 1941, 131-2. *Historia del teatro español*, Barcelona, 1956, 175.

SLOMAN, A. E., *The Dramatic Craftsmanship of Calderón. His Use of Earlier Plays*, Oxford, 1958, 94-127.

VALBUENA BRIONES, A., *Calderón de la Barca, Obras completas, I, Dramas*, Madrid, 1959, 661-5, and *Perspectiva crítica de los dramas de Calderón*, Madrid, 1965, 246-51.

RANK, O., "The incest of Amnon and Tamar", *TDR*, vii (1962), 38-43.

GIACOMAN, H. F., "En torno a *Los cabellos de Absalón* de Pedro Calderón de la Barca", *RF*, 80, Heft 2-3, 343-53. *Estudio y edición crítica de la comedia Los cabellos de Absalón*, Estudios de Hispanófila, University of North Carolina, 1968.

EDWARDS, GWYNNE, "Calderón's *Los cabellos de Absalón*: a reappraisal", *BHS*, xlviii (1971), 218-38.

2. BACKGROUND

PÉREZ PASTOR, C., *Documentos para la biografía de D. Pedro Calderón de la Barca*, Madrid, 1905.

ALONSO CORTÉS, N., "Algunos datos relativos a don Pedro Calderón", *RFE*, i (1915), 41-51.

JULIÁ MARTÍNEZ, E., "Calderón en Toledo", *RFE*, xxv (1941), 182-204.

FRUTOS CORTÉS, E., *Calderón*, Barcelona, 1949.

HESSE, E. W., *Calderón de la Barca*, New York, 1967.

PARKER, A. A., *The Allegorical Drama of Calderón*, Oxford, 1943. *The Approach to the Spanish Drama of the Golden Age*, Diamante VI, London, 1957. "Towards a definition of Calderonian tragedy", *BHS*, xxxix (1962), 222-37. "Metáfora y símbolo en la interpretación de Calderón", *Actas del Primer Congreso Internacional de Hispanistas*, Oxford, 1964, 141-60.

WILSON, E. M., "The four elements in the imagery of Calderón", *MLR*, xxxi (1936), 34-47.

WARDROPPER, B. W. (ed.), *Critical Essays on the Theatre of Calderón*, New York, 1965.

CHAYTOR, H. J. (ed.), *Dramatic Theory in Spain*, Cambridge, 1925.

SHEPARD, S., *El Pinciano y las teorías literarias del Siglo de Oro*, Madrid, 1962.

MOIR, D., "The classical tradition in Spanish dramatic theory and practice in the seventeenth century", *Classical Drama and its Influence*, London, 1965, 193-228.

WILSON, MARGARET, *Spanish Drama of the Golden Age*, Oxford and London, 1969.

MOIR, D. and WILSON, E. M., *A Literary History of Spain. The Golden Age: Drama 1492-1700*, London, 1971.

SHERGOLD, N. D., *A History of the Spanish Stage*, Oxford, 1967.

HAMILTON, BERNICE, *Political Thought in Sixteenth-century Spain*, Oxford, 1963.

Some of the works mentioned under 1 are, of course, of a general nature and come under 2 as well.

Los Cabellos de Absalón

PERSONAS

David

Absalón

Adonías

Jonadab

Teuca

Eliazer

Ensay

Joab

Salomón

Amón

Tamar

Aquitofel

Semey

Pastores

JORNADA PRIMERA

(Tocan cajas, sale DAVID *por una puerta, y por la otra* ABSALÓN, SALOMÓN, ADONÍAS, TAMAR *y* AQUITOFEL)

SALOMÓN: Vüelva felicemente,
de laurel coronada la alta frente,
el campeón israelita,
azote del sacrílego mohabita.

ADONÍAS: Ciña su blanca nieve   5
de la rama inmortal círculo breve,
el defensor de Dios y su ley pía,
horror de la gentil idolatría.

ABSALÓN: Himnos la fama cante
con labio de metal, voz de diamante,   10
de Jehová al real caudillo,
de Filistín al trágico cuchillo.

TAMAR: Hoy de Jerusalén las hijas bellas,
coronadas de flores y de estrellas,
entonen otra vez con mayor gloria   15
del Goliat segundo la victoria.

DAVID: Queridas prendas mías,
báculos vivos de mis luengos días,
dadme todos los brazos.

(Abraza primero DAVID *a* SALOMÓN, *después a* ABSALÓN, *después a* ADONÍAS *y a* TAMAR)

Renuévese mi edad entre los lazos   20
de dichas tan amadas.
¡Ay dulces prendas, por mi bien halladas!
Adonías valiente,
llega, llega otra vez. Y tú, prudente
Salomón, otra vez toca mi pecho,   25
en amorosas lágrimas deshecho.

37

Bellísimo Absalón, vuelve mil veces
a repetirme el gusto que me ofreces
en tan alegre día.
Y tú no te retires, Tamar mía;   30
que he dejado el postrero
tu abrazo, ¡ay mi Tamar!, porque no quiero
que el corazón en gloria tan precisa,
viendo que otro le espera, me dé priesa.
A Rabatá, murada y guarnecida   35
ciudad del fiero Amón, dejo vencida,
sus muros excelentes
demolidos, sus torres eminentes
deshechas y postradas,
y sus calles en púrpuras bañadas: 40
gracias primeramente
al gran Dios de Israël, luego al valiente
Joab, general mío,
de cuyo esfuerzo mis aplausos fío.

JOAB: Honras, señor, tu hechura.   45

AQUITOFEL: ¡Infelice el que sirve sin ventura,
[aparte]   pues habiendo yo sido Real soldado,
no fui de una razón galardonado!

DAVID: Mas con haber tenido
tan singular victoria, no lo ha sido   50
sino el volver a veros;
si bien tantos contentos lisonjeros
confunden su alegría,
considerando que el felice día
que vengo vitorioso,   55
que entro por el alcázar suntuoso
de Sión, que salís con ansias tales
todos a recibirme a sus umbrales,
en ocasión tan alta,
Amón no más de entre vosotros falta;   60
Amón, mi hijo mayor y mi heredero,
a quien como a mayor estimo y quiero.

¿Qué es la causa, Adonías,
de que él no aumente las venturas mías?

ADONÍAS: Yo, señor, no sé nada.   65

DAVID: Salomón, una pena imaginada
es más que acontecida.
¿Qué ha sucedido a Amón? Di, por tu vida.

SALOMÓN: Absalón lo dirá: yo no he sabido
que pueda haberle nada sucedido.   70

ABSALÓN: Ni yo lo sé tampoco.

DAVID: En una suspensión mis penas toco.
Tamar, ¿qué hay de tu hermano?

TAMAR: A mí, señor, pregúntasmelo en vano;
que, en mi cuarto encerrada,   75
vivo aun de los acasos ignorada.

DAVID: ¿No hay quien de Amón me diga?

AQUITOFEL: Sí, señor. Criado soy, amor me obliga
a que nada te calle,
aunque razones el discurso halle   80
para no dar avisos de una pena,
a cuyo fin se excusan todos; llena
de otra razón el alma,
te quiero retractar de aquesa calma,
porque a ignorado mal no se da medio,   85
y sabido, se trata del remedio.
Amón, tu hijo, ha muchos días
que ha dado en padecer melancolías
y tristezas tan fuertes,
que por no ser capaz de muchas muertes,   90
enfado de la luz del sol recibe,
con que entre sombras vive,
y aún está sin abrir una ventana,
ni ver la clara luz y soberana.
Amón a sí se aborrece,   95
que el natural sustento no apetece:

             ningún médico quiere
             que le entre a ver; y, en fin, Amón se muere
             de una grave tristeza,
             pensión que trae la Naturaleza.   100

DAVID: Aunque nazca la nueva que me has dado
             de lealtad, te la hubiera perdonado,
             Aquitofel, porque está mal contento
             el disgusto, el pesar, el sentimiento,
             que lo mismo que quiso   105
             saber, oyendo tan pesado aviso,
             saberlo no quisiera,
             porque lo supo ya; que es de manera
             desconversable el mal de un afligido,
             que ignorado y sabido,   110
             da siempre igual cuidado;
             no habrá un mal, sabido y ignorado.
             Entrar a descansar, ¡ay Dios! no quiero
             en mi cuarto primero
             que en el de Amón: venid todos conmigo.   115
             Ingrato soy, Señor, ingrato, digo,
             al grande favor vuestro:
             bien en mis sentimientos hoy lo muestro,
             pues cuatro hijos que veo
             con salud, no divierten mi deseo   120
             tanto como le aflige y atormenta
             uno sin ella. ¡Oh ingrata, y descontenta
             condición que tenemos los humanos,
             haciendo siempre extremos!

ABSALÓN: Este es de Amón el cuarto; ya has llegado   125
             más del afecto, que del pie, guiado.

DAVID: Abrid aquesa puerta.

   (*Corren una cortina, y está* AMÓN *sentado en una silla, arrimada a un bufete, y de la otra parte* JONADAB)

JOAB: Ya, señor, está abierta
             y al resplador escaso que por ella
             nos comunica la mayor estrella,   130

al príncipe le mira,
sentado en una silla.

TAMAR: ¿A quién no admira
verle tan divertido
en sus penas, que aun no nos ha sentido?

DAVID: ¡Amón!

AMÓN: ¿Quién me llama?

DAVID: Yo.   135

AMÓN: ¡Señor!, pues ¿tú aquí?

DAVID: ¿Tan poco
gusto te deben mis dichas,
mi amor y afectos tan corto,
que no llegas a mis brazos?
Pues yo, aunque tú riguroso   140
me recibas, llegaré,
hijo, a los tuyos. Pues ¿cómo,
empezando en mí el cariño,
aun no obra en ti el alborozo?
¿Qué tienes, Amón? ¿Qué es esto?   145
Que aunque tus tristezas oigo,
pensé que al verme templaras
de tu violencia el enojo.
¿Aún parabién no me das,
cuando vuelvo vitorioso   150
a Jerusalén? Mis triunfos
¿aun no vencen tus enojos?
Un príncipe que heredero
es de Israël, cuyo heroico
valor resistir debiera   155
constante, osado y brioso
los ceños de la fortuna
y del hado los oprobios,
¿tanto a una pasión se rinde,
tanto a una pena, que absorto,   160
confuso, triste, afligido,

no les permite a sus ojos
la luz del día, negando
la entrada a sus rayos de oro?
¿Qué es esto, Amón? Si de causa   165
nace tu pena, no ignoro
que podré vencerla yo:
para eso es mi imperio todo,
dispón del a tu albedrío,
desde un polo al otro polo.   170
Y si no nace de causa
conocida, sino sólo
de la natural pensión
deste nuestro humano polvo,
aliéntate; imperio tiene   175
el hombre sobre sí propio,
y los esfuerzos humanos,
llamado uno, vienen todos.
No te rindas a ti mismo,
no te avasalles medroso   180
a tu misma condición:
mira que el pesar es monstruo
que come vidas humanas
alimentadas del ocio.
Sal deste cuarto, o pues vienen   185
a él tus hermanos todos
hoy conmigo, habla con ellos.
Llegad, pues, llegad vosotros,
ya que las ternezas mías
pueden con Amón tan poco.   190

ADONÍAS: Príncipe . . .

ABSALÓN: Hermano . . .

SALOMÓN: Señor . . .

TAMAR: Amón . . .

AMÓN (*aparte*):   A esta voz respondo.

TAMAR: ¿Qué tienes?

SALOMÓN: ¿Qué sientes?

ABSALÓN:	¿Qué te aflige?	

ABSALÓN: ¿Qué
te aflige?

ADONÍAS: ¿Qué te da asombro?

DAVID: ¿Qué apeteces?

TODOS: ¿Qué deseas?   195

AMÓN: Sólo que me dejéis solo.

DAVID: Si en eso no más estriban
tus deseos rigurosos,
vamos de aquí. (*Aparte*) Por volver
a hablarle a solas, lo otorgo;   200
que quizá no se declara
por estar delante todos.
Venid. Ya solo te quedas.
¡Ay infeliz, qué de gozos,
qué de gustos, qué de dichas   205
desazona un pesar solo!   (*Vase*)

JOAB: ¡Qué extraña melancolía!   (*Vase*)

AQUITOFEL: ¡Qué silencio tan impropio!   (*Vase*)

ADONÍAS: ¡Qué violencia tan cruel!   (*Vase*)

SALOMÓN: ¡Qué afecto tan poderoso!   (*Vase*)   210

TAMAR: Saben los cielos, Amón,
cuánto tus tristezas lloro.

ABSALÓN: Yo, no.

TAMAR: Absalón, ¿eso dices?

ABSALÓN: Sí, que es heredero heroico
de David; y si él se muere,   215
quedo más cerca yo al solio;
que a quien aspira a reinar,
cada hermano es un estorbo.

TAMAR: Aunque su muerte sintiera,
me holgara verte en su trono;   220
que, en efecto, tú y yo hermanos
de padre y de madre somos.
(*Vanse y quedan solos* AMÓN *y* JONADAB)

AMÓN: Jonadab, ¿fuéronse ya?

JONADAB: Sí, señor, unos tras otros,
como suelen los dineros 225
de quien gasta poco a poco,
que piensa que no hace mella
ahora un real y luego otro;
y cuando menos se cata,
halla el talego más gordo 230
hecho esqueleto de anjeo.

AMÓN: Pues salte fuera tú y todo.

JONADAB: ¿Ya te olvidas de que tu
valido soy?

AMÓN: No lo ignoro,
que eres tú sólo quien tiene 235
licencia entre mis dudosos
discursos para asistirme;
pero quiero quedar solo.

JONADAB: Yo lo haré de buena gana;
que no es rato muy gustoso 240
el de un amo, cuando está
saturnino y hipocondrio;
pero antes que me vaya,
he de preguntarte: ¿cómo
a tu padre y tus hermanos 245
respondiste de aquel modo?
¿Es posible que ninguno
merezca de tus penosos
males saber la ocasión?

AMÓN: No. Si yo propio a mí propio 250
me la pudiera negar,
la negara, cuando noto
que yo mismo, de mí mismo
me avergüenzo si la nombro.
Es tal, que aun de mi silencio 255
vivo tal vez temeroso,
porque me han dicho que saben
con silencio hablar los ojos.

Tan en lo más retirado
del pecho la causa pongo   260
de mi pena, que tal vez
al corazón se la escondo,
porque el corazón no pueda,
sobresaltado al asombro
de reconocerla, dar   265
un golpe más recio que otro.
Tan en lo más escondido
de la vida la aprisiono,
que aun este soplo que entra
a dar vitales despojos,   270
no sabe della, porque
no pueda el aire curioso
decir por lo destemplado
de algún suspiro que arrojo:
«Este sabe de la causa,   275
pues sale ardiendo este soplo.»
En fin, está mi dolor
tan atado en lo más hondo
del alma, que el alma misma,
alcaide del calabozo,   280
no sabe el preso que guarda,
con ser su consejo propio.

JONADAB: Sin duda eres sodomita,
que yo otra causa no topo
que a tanto silencio obligue.   285

AMÓN: ¿Que en fin siempre has de ser loco?

JONADAB: No está en mi mano el ser cuerdo.

(Dentro, pasos)

AMÓN: ¿Qué pasos son los que oïgo?

JONADAB: Tamar, tu hermana, que habiendo
dejado en su suntüoso   290
cuarto a David, vuelve al suyo
por ese corredor.

AMÓN (*aparte*):   ¿Cómo,
calladas pasiones mías,
a esta ocasión me reporto?
Pero ha de ser, ¡ah deseo!,   295
que aun en sólo ver su rostro
no he de salir a esta puerta.
Mas, ¡ay!, que en vano me opongo
de mi estrella a los influjos;
pues cuando digo animoso   300
que no he de salir a vella,
es cuando a verla me pongo.
¿Qué es esto, cielos? ¿Yo mismo
el daño no reconozco?
¿Pues cómo al daño me entrego?   305
¿Vive en mí más que yo propio?
No. ¿Pues cómo manda en mí,
con tan gran imperio otro,
que me lleva donde yo
ir no quiero?

JONADAB: O soy un tonto,   310
o anda por aquí ...

AMÓN: ¿Qué miras?

JONADAB: Tengo aquí que ver un poco.

AMÓN: ¿No te he dicho que te vayas?

JONADAB: Sí, señor; mas por lo propio
no lo he hecho yo.

AMÓN: Entrate allá.   315

JONADAB: Sí, en esta puerta me pongo.
  [*aparte*] Por esto dijo uno que
galanes los criados somos,
pues el más sucio criado
no deja de ser curioso.   (*Escóndese*)   320

AMÓN: Desde aquí veré a Tamar;
que no he de ser tan medroso,
que he de pensar que en efecto
se haya de salir con todo.

Y aun porque sean mis penas   325
como las lidio y las postro,
la he de ver y aun la he de hablar;
que no es valiente ni heroico
corazón que, antes del riesgo,
se apellida vitorioso.   330
¡Oh bellísima Tamar!   (*Sale Tamar*)

TAMAR: No entréis conmigo vosotros;
esperad en esta puerta.
¡Cuánto estimo, cuando torno
a mi cuarto, cuando queda   335
con mi padre el reino todo,
que me hayas, Amón, llamado!
Que yo, aunque con amoroso
pecho siento tus tristezas,
no entrara, porque conozco   340
que cualquiera compañía
le sirva a un triste de estorbo.
Mas ya que aquesta ocasión
te he debido, cuando oïgo
mi nombre, Amón, en tus labios,   345
mal haré si no la logro.
Suplicándote, merezca
ser yo quien del riguroso
dolor que te aflige, llegue
a oir la causa; que no poco   350
alivia el mal quien le cuenta
con satisfacer a otro
de que ha de sentirle; y puesto
que yo a feriar me dispongo
a mis lágrimas tus voces,   355
mi fe es fiadora de abono.
Hagan su oficio tus labios,
harán el suyo mis ojos.
Oiga yo como tú sientes,
mira tú como yo lloro.   360

AMÓN: Si yo, divina Tamar,
mi pena decir pudiera;
si capaz de mi voz fuera
el pesar de mi pesar;
si me pudiera explicar;   365
solamente a ti, y a mí,
lo dijera; y siendo así,
a ti te lo callo; cree
que a nadie se lo diré,
pues no te lo digo a ti.   370
     Aunque es tan grande y tan rara
pena, y tanto se acrisola,
que a ti la dijera sola,
y a ti sola la callara:
la contrariedad repara   375
de mis ansias, pues aquí,
siendo tú sola ¡ay de mí!
quien no sabe esta quimera,
a cualquiera la dijera,
por no decírtela a ti.   380

TAMAR: Si una misma razón se halla
en tu pena al padecella,
por quien yo debo sabella,
ya me ofende quien la calla.
La curiosidad batalla   385
en la parte del poder
saberla; y que soy mujer
advierte, y he de insistir
por saberla, en la de oir,
que no la puedo saber.   390

AMÓN: Ya que ese empeño me obliga,
sin que salida le halle,
por mi parte a que lo calle,
por la tuya a que lo diga;
sin que en mí se contradiga   395
el hablar y enmudecer,
te tengo de obedecer.

Oye . . . Mas has de advertir,
que yo te la he de decir,
y tú no la has de saber.　　　　　　400
　　Yo amo, Tamar, mi dolor
amor imposible es:
¡mira si es bien grande, pues
es imposible, y amor!

TAMAR: Ya es mi confusión mayor.　　　405
¡Di de quien! Que aunque me den
cuenta tus voces, no bien
se explica.

AMÓN: 　　　　　¡Ay Tamar mía!
Yo te dije que diría
por qué muero, no por quién.　　　410

TAMAR: 　　Yo lo pregunto admirada
de que haya quien, querida
de ti, no esté agradecida,
cuando no esté enamorada.

AMÓN: No es ella, no, la culpada;　　　415
que aunque yo por ella muero,
no sabe ella que la quiero,
ni lo ha de saber jamás.

TAMAR: ¿Por qué?

AMÓN: 　　　　Porque estimo más
lo que amo que lo que espero.　　　420
　　Fuera de que tanto ha sido
el temor que la he cobrado,
que aventuro el verme amado,
por no verme aborrecido.
Y así, callar he querido,　　　425
porque sé que he de ofendella.
Máteme, Tamar, mi estrella,
y su sentimiento no;
que más quiero morir yo,
que ser la ofendida ella.　　　430

TAMAR: Pues, ¿por qué se ha de ofender
de verse de ti querida,
si la más desvanecida
mujer, en fin es mujer?
Bien podrá no agradecer,   435
de su honor haciendo alarde;
sentir no. No te acobarde
nada, que del más tirano
desdén se queja temprano
el que se declara tarde.   440
      Declárate, pues.

AMÓN: No puedo.

TAMAR: ¿Por qué?

AMÓN: Porque temo y dudo.

TAMAR: Dí tu dolor.

AMÓN: Estoy mudo.

TAMAR: Sepa tu mal.

AMÓN: Tengo miedo.

TAMAR: Habla.

AMÓN: Absorto al hablar quedo.   445

TAMAR: Escríbela.

AMÓN: Es ofendella.

TAMAR: Hazla seña.

AMÓN: Tiemblo al vella.

TAMAR: ¿Es más que una mujer?

AMÓN: Sí.

TAMAR: Pues quéjate, Amón, de ti.

AMÓN: No haré, sino de mi estrella,   450
     cuyo influjo es tan severo,
que a morir, Tamar, me obliga
antes que a mi dama diga:
tú eres el dueño que quiero,
tú la gloria por quien muero,   455
tú la causa por quien lloro,

tú a quien explicarme ignoro,
tú la deidad a que aspiro,
tú la belleza que admiro,
tú la hermosura que adoro.   460
    Compadécete de mí,
hermoso imposible, pues
tan rendido a ti me ves,
que me ves morir por ti.

TAMAR: Basta, no más; que si aquí   465
te di ese consejo, fue
sólo animándote a que
lo digas a ella, a mí, no.

AMÓN: ¿Pues acaso he dicho yo
más de que no lo diré?   470
    Si bien tu consejo, puedo
decirte que me ha alentado
tanto, que ya me ha quitado
la primer parte del miedo:
y pues olvidado quedo   475
con el examen que toco,
porque vaya poco a poco
perdiendo el miedo al hablar,
que engaños han de curar
la imaginación de un loco,   480
    deja, Tamar, que prosiga
este ensayo a mi dolor,
porque lo sepa mejor,
cuando a mi bien se lo diga.

TAMAR: Tanto tu pena me obliga,   485
que si así aliviarla espero,
seguirte la tema quiero,
por si algún descanso adquieres.

AMÓN: Pues haz cuenta que tú eres
la hermosa por quien me muero,   490
    para ver si a su desdén
sabré declararme yo.

TAMAR: Yo haré mi papel; mas no
            sé si lo sabré muy bien.

AMÓN: Hermoso imposible a quien,   495
            desde que en un jardín vi,
            la vida y alma rendí
            que ahora de nuevo te ofrezco,
            si bien lo que yo aborrezco,
            no es dádiva para ti.   500
                Deste atrevimiento mío
            no tengo la culpa yo,
            porque en mí sólo nació
            esclavo el libre albedrío.
            No sé qué planeta impío   505
            pudo reinar aquel día,
            que aunque otras veces había
            tu beldad visto, aquél fue
            el primero que te amé,
            bellísima Tamar mía.   510
                Mas ¿qué he dicho?

TAMAR: Tente, espera;
            mira que yo haciendo estoy
            la dama y Tamar no soy.

AMÓN: Dices bien; mas de manera
            labios y ojos en la fiera   515
            aprensión de mis enojos
            confundieron los despojos,
            que, equívocamente sabios,
            se arrebataron los labios
            en lo que vieron los ojos.   520

TAMAR: Pues siendo así, dese error
            ojos y labios absuelvo,
            y al pasado engaño vuelvo.
            Amón, príncipe, señor,
            aunque yo de vuestro amor   525
            vivo muy desvanecida,

　　　　el ser quien soy os impida
　　　　tan alto empeño, porque
　　　　si así habláis no volveré
　　　　a escucharos en mi vida.　　　　　　　　530

AMÓN:　　　¿Eso me respondes?

TAMAR:　　　　　　　　Sí.
　　　　Mas ¿de qué te afliges, pues
　　　　esto fingimiento es?
AMÓN:　　　Pues si es fingimiento, di,
　　　　¿para qué me hablaste así?　　　　　　535
　　　　¿Qué te importaba, Tamar,
　　　　alguna esperanza dar
　　　　al rendimiento tan justo?
　　　　¿Tenía más costa un gusto
　　　　de fingir, que no el pesar?　　　　　　540

TAMAR:　　　No, pero de la manera
　　　　que tus labios y tus ojos
　　　　confundieron sus enojos,
　　　　persuadiéndote a que era
　　　　yo tu dama, considera　　　　　　　　545
　　　　que en mí también confundidos
　　　　al oírte mis sentidos,
　　　　se equivocaron más sabios,
　　　　repondiéndote mis labios
　　　　a lo que oyen mis oídos.　　　　　　　550
　　　　Y así, pues que ser no puede
　　　　de efecto alguno este engaño,
　　　　pues vemos en él el daño
　　　　por limitarse se excede,
　　　　en este estado se quede;　　　　　　　555
　　　　que no es fácil de engañar,
　　　　Amón, placer ni pesar.
　　　　Ame tu pecho a quien ama,
　　　　que Tamar no ha de hacer dama
　　　　que no hable como Tamar.　　(*Vase*)　　560

AMÓN: ¿Quién mayor desdicha vio?
                   ¿Que aun la piedad de un engaño
                   se convierta en mayor daño
                   que el que la verdad me dio?
                   ¿Quién me aconsejará?

                        (*Sale* JONADAB)

JONADAB: Yo,   565
                   cuya curiosidad ciega,
                   hoy a haber sabido llega
                   cuál es tu mal, y por quién;
                   que al fin vele lo mismo [bien]
                   el que mira que el que juega.   570
AMÓN: ¿Luego tú ya has entendido
                   la causa de mi pasión?
JONADAB: Sí, señor; que no hay mirón
                   que antes tahur no haya sido.
AMÓN: Pues un consejo te pido.   575
JONADAB: Aunque es opinión extraña,
                   que ha menester el que engaña
                   más maña que fuerza, error
                   en amor es, porque amor
                   más quiere fuerza que maña.   580
AMÓN: Mi media hermana es Tamar.
JONADAB: Yo digo lo que yo hiciera,
                   si fuera mi hermana entera,
                   llegado a encolerizar.
AMÓN: ¿Cómo la he de asegurar?   585
                   que ya Tamar, cosa es clara
                   que no vuelva aquí.
JONADAB: Una rara
                   industria tu amor prevenga
                   para forzarla a que venga,
                   y viéndola aquí . . .
AMÓN: Repara   590
                   en que mi padre se ha entrado
                   en el cuarto.

JONADAB: Pues no hablemos
desto.

AMÓN: No hay para qué,
pues ya a todo estoy resuelto,
porque piden mis desdichas   595
a gran daño gran remedio.

(*Sale David*)

DAVID: Por haber estado, Amón,
embarazado del pueblo,
que con prolijas lealtades
vino al parabién, no he vuelto   600
a verte antes.

AMÓN: Yo, señor,
la fineza te agradezco.

DAVID: Pues págamela con otra,
que es no negarme un consuelo
que vengo a pedirte.

AMÓN: Siempre   605
rendido estoy y sujeto
a tu obediencia.

DAVID: Pues sepa
de qué nacen los extremos
que te afligen.

JONADAB: Yo, señor,
te lo diré.

AMÓN: Calla, necio.   610
Melancolía y tristeza
los físicos dividieron,
en que la tristeza es
causa de algún mal suceso;
pero la melancolía,   615
de natural sentimiento:
y así, no podré decirlo.

DAVID: ¿De qué nace el padecerlo,
cuando sea así? ¿A qué mal
no se aplica algún remedio?   620

AMÓN:	Ya me aplico yo el mejor.
DAVID:	¿Cuál es?
AMÓN:	Sentir como siento.
DAVID:	Ese no es remedio, antes
	es dar al mal más esfuerzos.
AMÓN:	Pues, ¿qué puedo hacer?
DAVID:	Buscar 625
	alegres divertimientos.
JONADAB:	De uno le decía yo ahora,
	harto alegre.
AMÓN:	Ya está bueno:
	todos cansan más que alivian,
	porque como yo no tengo 630
	gusto, se me vuelven todos
	en más pena, porque es cierto
	que en el humor que domina
	se convierte el alimento.
DAVID:	Aunque en metáfora sea 635
	eso que has dicho, yo quiero
	ya que de alimento hablas,
	materialmente entenderlo.
	¿No es de desesperación
	especie, que un hombre cuerdo 640
	aun este humano tributo
	se niegue a sí?
JONADAB:	Sí por cierto.
	Yo, que coma, y aun de todo,
	le estaba ahora diciendo.
	Pero no me entiende.
AMÓN:	En nada 645
	hallé sazón, y por eso,
	o porque es conservación
	de la vida, lo aborrezco.
DAVID:	Pues una cosa por mí
	has de hacer.
AMÓN:	Yo te la ofrezco. 650

DAVID: ¿Qué regalo será, Amón,
            más de tu gusto? Que quiero
            yo cuidar del, y deberte
            el que le admitas.
AMÓN: No pienso
            que tendré en eso elección,   655
            porque ninguno apetezco,
            mas si hubiera de comer
            algo, el aliño, el aseo
            con que sirven a Tamar
            sus criadas, señor, creo   660
            que lisonjeara mi hastío,
            aquellas viandas comiendo;
            y más si ella me trajera
            la comida; que un enfermo
            más se agrada del cariño,   665
            señor, que del alimento.
JONADAB: Y es verdad, porque una dama,
            con las pinzas de los dedos,
            trinchando los bocaditos,
            hará que los masque un muerto.   670
DAVID: Pues yo, Amón, diré a Tamar;
            venga ella misma lüego
            a traerte de comer,
            y mandaré al mismo tiempo
            que los músicos te canten,   675
            por ver si así te divierto.   (Vase)
AMÓN: El cielo aumente tu vida,
            que yo en aqueste aposento
            esperaré ese favor:
            ven, Jonadab.
JONADAB: Bien se ha hecho   680
            hasta aquí.
AMÓN: No, sino mal;
            pues traidoramente intento
            añadir desesperado
            culpa a culpa, incendio a incendio,

pena a pena, error a error,   685
daño a daño, y riesgo a riesgo.

(*Vanse, sale* DAVID, *tocan trompetas*)

DAVID: ¿Qué nueva salva es aquesta,
que con marciales acentos
vuelve a dar voces al aire,
mal respondidas del eco?   690

(*Salen* SALOMÓN *y* ABSALÓN)

SALOMÓN: Danos albricias, señor.
DAVID: ¿De qué, si gusto no espero?
ABSALÓN: De que las naves de Ofir
han llegado a salvamento.

(*Salen* JOAB *y* AQUITOFEL)

JOAB: ¿Ya habrás sabido la causa   695
deste militar estruendo?
DAVID: Sí, Joab.
AQUITOFEL: Segunda vez
vuelve a repetir el viento.

(*Tocan, y salen* SEMEY, *y* TEUCA, *Etíopes y soldados*)

SEMEY: Dame, señor, a besar
tu real mano.   [*Arrodíllase*]
DAVID: Alza del suelo,   700
y seas muy bien venido,
Semey.
SEMEY: Forzoso es serlo,
viniendo a verme a tus plantas.
De Hirán despachado vengo
con tu armada los bajeles,   705
monstruos de dos elementos:
entre las varias riquezas
de plata y oro, hay cedros,
material incorruptible,
para la obra del templo   710
que tú hacer has prometido
al arca del Testamento;

mas de todos los despojos,
que te traigo, te encarezco
esta divina etiopisa,   715
en cuyo bárbaro acento
un espíritu anticipa
sucesos malos o buenos.

DAVID: Un gusto y un pesar juntos,
Semey, me has dado a un tiempo: 720
el gusto es de tu venida,
cuyo cuidado agradezco;
el pesar de tu ignorancia,
pues has pensado que puedo
tener por grandeza yo   725
en mi palacio agoreros.
Dios habla por sus profetas:
el demonio, como opuesto
a las verdades de Dios,
habla apoderado en pechos   730
tiranamente oprimidos:
y así, destierra al momento
esta torpe pitonisa
de mi corte; y después desto,
los materiales que traes   735
se guarden, porque aun no es tiempo
que la fábrica se empiece;
que yo labrar no merezco
casa a Dios: quien me suceda
la fabricará. Con esto,   740
que aprendáis a ser piadosos,
hijos míos, os advierto;
pues el gran Dios no permite
que yo fabrique su templo,
porque manchadas las manos   745
de idólatra sangre tengo. (*Vase*)

TEUCA: Aunque responder quisiera
al Rey, no he podido, ¡cielos!;

que está espíritu más noble
aposentado en su pecho   750
que en el mío; y como al verle,
mudo quedó el que yo tengo,
en mí se venga, a pedazos
el corazón deshaciendo.
¡Ay de mí!, rabiando vivo.   755
¡Ay de mí!, rabiando muero.

ABSALÓN: ¿Qué frenesí, qué letargo
dio a la etiopisa?

SALOMÓN: ¿Qué es esto?

AQUITOFEL: Sus cabellos y sus ropas
está arrancando y rompiendo.   760

SEMEY: Teuca.

TEUCA: Sacrílego aleve,
detente, que al verte tiemblo.

JOAB: Advierte . . .

TEUCA: Injusto homicida,
aparta: de ti iré huyendo,
que tú lanzas arrojando,   765
que tú piedras recogiendo,
que dáis horror, hasta que
de vuestra muerte herederos
seáis, siendo vuestra muerte
cláusula de un testamento.   770

AQUITOFEL: Extrañas locuras dice,
considera . . .

TEUCA: Oir no quiero
tu consejo, Aquitofel:
hasta que por tu consejo,
torpe desesperación   775
aun te niegue el monumento.

SALOMÓN: Repórtate.

TEUCA: A ti sí haré,
Salomón; que hablar no puedo;
que no ha de saber el mundo
si tu fin es malo o bueno.   780

ABSALÓN: ¡Qué sin propósito habla!
Mira, etiopisa . . .

TEUCA: Ya veo
que te ha de ver tu ambición
en alto por los cabellos.
¡Ay de mí!, rabiando vivo; 785
¡Ay de mí!, rabiando muero. (*Vase*)

SALOMÓN: Ve tras ella, no el furor
la desespere.

SEMEY: Siguiendo
iré sus pasos, y dudando
vaticinios que no entiendo. (*Vase*) 790

SALOMÓN: ¡Raros delirios ha dicho!

ABSALÓN: Aunque por tales los tengo,
no me ha dejado de dar,
lo que me ha dicho, contento.

SALOMÓN: ¿Qué te ha dicho?

ABSALÓN: Que he de verme 795
si bien, Salomón, me acuerdo,
por los cabellos en alto.

SALOMÓN: Pues, ¿cómo interpretas eso?

ABSALÓN: Hermosura es una carta
de favor que dan los cielos, 800
y su sobrescrito al hombre
y a todo el común afecto.
Esta en mí (todos lo dicen;
que no creyera a mi espejo)
es tan grande, que este solo 805
desperdicio de su imperio
en cada un año me vale
de esquilmos muchos talentos.
De Jerusalén las damas
me la compran; que a su aseo 810
yo soy quien les deja alguna
adoración de alimentos.

               Pues siendo así, que yo amado
               soy de todos, bien infiero
               que esta adoración común   815
               resulte en que todo el pueblo
               para rey suyo me aclame,
               cuando se divida el reino
               en los hijos de David.
               Luego justamente infiero,   820
               pues que mis cabellos son
               de mi hermosura primeros
               acreedores, que a ellos deba
               el verme en el alto puesto;
               y así, vendré a estar entonces   825
               en alto por los cabellos.

SALOMÓN: ¡Qué por ellos has traído
               la aplicación al concepto!
               Pues, ¿quieres que una hermosura
               afeminada, en los pechos   830
               de todos engendre más
               amor que aborrecimiento?

ABSALÓN: Cuando la hermosura cae
               sobre el valor que yo tengo,
               ¿por qué no?

SALOMÓN: Porque hay en hijos   835
               de David merecimientos
               que te prefieren en todo.

ABSALÓN: No serás tú, por lo menos,
               reliquia de dos delitos,
               homicidio y adulterio: 840
               hablen Bersabé y Urías,
               una incasta y otro muerto.

SALOMÓN: De tu padre has mormurado,
               Absalón; y aunque yo puedo
               por mis manos castigar   845
               tan osado atrevimiento,
               el cielo me ata las manos,
               quizá porque él quiere hacerlo;

	ofensas de un padre, siempre	
	las toma a su cargo el cielo. *(Vase)*	850
JOAB:	Cuerdamente ha respondido.	
AQUITOFEL:	Siempre el temor fue muy cuerdo.	
JOAB:	Antes, siempre la cordura	
	fue muy valiente.	
ABSALÓN:	¿Qué es eso?	
AQUITOFEL:	Joab, que es de Salomón . . .	855
ABSALÓN:	¡A mí os andáis oponiendo	
	toda la vida!	
JOAB:	Yo siempre	
	la razón, señor, defiendo.	
ABSALÓN:	La privanza de mi padre,	
	Joab, os tiene muy soberbio.	860
	Vos de mí os acordaréis	
	cuando esté en el alto puesto	
	que mi valor me previene.	
JOAB:	Entonces haré lo mesmo,	
	y aun quizá entonces tendré	865
	más ocasión para hacerlo. *(Vase)*	
ABSALÓN:	¡A mí me amenazas!	
AQUITOFEL:	Tente,	
	señor, mira que aún no es tiempo	
	de empezar a declarar	
	lo que tratado tenemos	870
	entre los dos, porque importa	
	ganar algunos primero.	
ABSALÓN:	En todo quiero seguir,	
	Aquitofel, tus consejos.	
AQUITOFEL:	Ellos te pondrán adonde	875
	aspiran tus pensamientos.	
	(Tocan instrumentos)	
ABSALÓN:	Dellos y de mí lo fío.	
	Pues los dos . . . Pero, ¿qué es esto?	
AQUITOFEL:	Tamar de su cuarto sale	
	con mucho acompañamiento	880
	y va hacia el cuarto de Amón.	

ABSALÓN: Divertir sus sentimientos
quiere con músicas. Vamos,
Aquitofel; que no quiero
hablar ahora en otra cosa   885
sino en los designios nuestros. (*Vanse*)

(*Salen todos los Músicos, y las Damas con platos y toallas, y* TAMAR)

MÚSICOS: *De las tristezas de Amón,*
que es amor la causa, es cierto;
que sólo amor se atreviera
a herir tan ilustre pecho.   890
Mas, ¡ay!, que es engaño
pensar que le ha muerto;
que no tiene amor
quien tiene silencio.

(*Salen* AMÓN *y* JONADAB)

JONADAB: Ya entra en tu cuarto, Tamar.   895
AMÓN: ¡Qué osado mi pensamiento,
sin verla está!, y ¡qué cobarde,
al verla! Todo yo tiemblo.
TAMAR: No me agradezcas, Amón,
esta visita; que hoy vengo,   900
porque mi padre lo manda,
a servirte.
AMÓN: Sí, agradezco,
pues tu obediencia resulta
en mi dicha. [*Aparte*] Yo estoy muerto.
TAMAR: Música y manjares traigo   905
para lisonjear con tiempo
dos sentidos.
AMÓN: Mucho agravio
al mayor de todos ellos.
TAMAR: ¿Cuál es?
AMÓN: La vista, porque
vianda y música trayendo,   910

para el gusto y el oído,
te has olvidado, *(Aparte)* ¡yo muero!,
de que traéis para los ojos
hermosura; si no infiero
que piensas que no la traes,   915
porque me imaginas ciego.

TAMAR: Si de aquel pasado engaño
te han sobrado esos requiebros,
mira que los desperdicias
en vano, porque hoy intento   920
que alivien tus penas, más
verdades que fingimientos.

AMÓN: Como, pues. Cantad vosotros;
no hay[a] aquí sonoros acentos;
no suenan bien desde cerca,   925
canten desde otro aposento.

JONADAB: Sí, que música y pintura
disuena más a lo lejos.

TAMAR: Ahí fuera podéis cantar.

AMÓN: Ce, Jonadab.   *(Vase la música)*

JONADAB: Ya te entiendo.   930
Cerrar la puerta y que canten
todos. Ea, ¿no es eso? *(Vase)*

AMÓN: Sí.

TAMAR: Mientras cantan, tú come.

AMÓN: En escuchar me divierto.

MÚSICOS: *Que no tiene amor*   935
quien tiene silencio.

AMÓN: Y así, divina Tamar,
no admires mi atrevimiento,
si no que las leyes rompo
del decoro y del respeto.   940
Esta hermosa blanca mano,
permite que, no haciendo
de lirios áspides, sirva
de triaca a mi veneno.

TAMAR:	Suéltame la mano, Amón,	945
	que ya quejarte es extremo	
	de un engaño.	
AMÓN:	Si lo fuera,	
	dices bien; pero ya es tiempo	
	de que la prisión lo rompa	
	el lazo a mi sentimiento,	950
	que no tiene amor	
	quien tiene silencio.	
	Yo muero por ti, Tamar.	
	No pude a mayor extremo	
	llegar que a morir por ti:	955
	mi confïanza me ha muerto.	
TAMAR:	Mas, ¿quién pudo prevenido? (*Aparte*)	
	Mira, Amón . . .	
AMÓN:	Ya nada veo.	
TAMAR:	Que soy tu hermana.	
AMÓN:	Es verdad;	
	pero si dice un proverbio	960
	la sangre sin fuego hierve,	
	¿qué hará la sangre con fuego?	
TAMAR:	En nuestra ley se permite	
	casarse deudos con deudos,	
	pídeme a mi padre.	
AMÓN:	Es tarde	965
	para valerme del ruego.	
TAMAR:	¡Hola! (*Sale un músico*)	
AMÓN:	Que cantéis os manda,	
	Tamar.	
TAMAR:	¿Yo? ¿Cuándo?	
MÚSICO:	Ya obedezco. (*Vase*)	

(*Cantan lo que quisieren mientras hablan*)

AMÓN:	No he de dejar de gozarte:	
	Jonadab, cierra al momento.	970
JONADAB:	Ya está la puerta cerrada.	
TAMAR:	Mira el riesgo.	

AMÓN: No le temo.
TAMAR: ¡Padre! ¡Señor! ¡Absalón!
AMÓN: ¿Tus voces son de provecho,
           con esa dulce armonía?   (*Estén cantando*)   975
TAMAR: Pues daré voces al cielo.
AMÓN: El cielo responde tarde.
TAMAR: Pues mataráte este acero,   (*Sácale la espada*)
           si me sigues, porque yo
           fuerza mucha y valor tengo.   980
AMÓN: Al sacalla me has herido;
           y aunque puede ser agüero,
           ya no temo cosa alguna,
           cuando esta violencia intento.
           La he de seguir, ya una vez   985
           declarado, pues es cierto
           que no tiene amor
           quien tiene silencio.   (*Entranse*)

JORNADA SEGUNDA

(Salen AMÓN *y* TAMAR)

AMÓN:
    Vete de aquí, salte fuera,
veneno en taza dorada,   990
sepulcro hermoso de fuera,
arpía, que en rostro agrada,
siendo una asquerosa fiera.
    Al basilisco retratas,
ponzoña mirando arrojas.   995
No me mires, que me matas,
vete, monstruo, que me aojas,
y mi juventud maltratas.
    ¿Que yo te quise, es posible?
¿Que yo te tuve afición,   1000
fruta de Sodoma horrible,
en la médula carbón,
si en la corteza apacible?
    Sal fuera, que eres horror
de mi vida, y su escarmiento.   1005
Vete, que me das temor.
Más es mi aborrecimiento
que fue mi primero amor.
    ¡Hola! Echádmela de aquí.

TAMAR:
Mayor ofensa y injuria   1010
es la que haces contra mí,
que fue la amorosa furia
de tu torpe frenesí.
    Honra con tales despojos
a quien se empleó en servirte,   1015
y a mí dame más enojos.

AMÓN:
¡Quién, por no verte ni oírte,
sordo va, ciego y sin ojos!
    ¿No te quieres ir, mujer?

TAMAR: ¿Dónde iré sin honra, ingrato, 1020
ni quién me querrá acoger,
siendo mercader sin trato
deshonrada una mujer?
  Haz de tu hermana más cuenta,
ya que de ti no la has dado. 1025
No añadas afrenta a afrenta,
que en cadenas del pecado
perece quien las aumenta.
  Tahur de mi honor has sido:
ganado has por falso modo 1030
joyas que en vano te pido.
Quítame la vida y todo,
pues ya lo más he perdido.
  No te levantes tan presto,
pues es mi pérdida tanta, 1035
que aunque el que pierde es molesto,
el noble no se levanta
mientras en la mesa hay resto.
  Resto hay de la vida, ingrato;
pero es vida sin honor, 1040
y así de perderla trato:
acaba el juego, traidor,
dame la muerte en barato.

AMÓN: Infierno, ya no de fuego,
pues helando me atormentas, 1045
sierpe, monstruo, vete luego.

TAMAR: El que pierde, sufre afrentas
porque le mantengan juego:
  manténme juego, tirano,
hasta acabar de perder 1050
lo que queda: alza, villano,
la mano: quítame el ser,
y ganarás por la mano.

AMÓN: ¿Vióse tormento como éste?
¡Hola! ¿No hay ninguno ahí? 1055
¿Que esto un desatino cueste?

(*Llega* ELIAZER *y* JONADAB)

ELIAZER: Señor...

AMÓN: Echadme de aquí
esta víbora, esta peste.

ELIAZER: ¿Víbora? ¿Peste? ¿Qué es della?

AMÓN: Llevadme aquesta mujer,   1060
cerrad la puerta tras ella.

JONADAB: Carta Tamar viene a ser,
leyóla, y quiere rompella.

AMÓN: Echadla en la calle.

TAMAR: Así
estaré bien; que es razón,   1065
ya que el delito fue aquí,
que por ellas dé un pregón
mi deshonra contra ti.

AMÓN: Voyme por no te estorbar.   (*Vase*)

JONADAB: ¡Extraño caso, Eliazer!   1070
¿Tal odio tras tanto amar?

TAMAR: Presto, villano, has de ver
las venganzas de Tamar.   (*Vanse*)

(*Salen* ABSALÓN *y* ADONÍAS)

ABSALÓN: Si no fueras mi hermano, o no estuvieras
en palacio, ambicioso, brevemente   1075
hoy con la vida, bárbaro, perdieras
el deseo atrevido y imprudente.

ADONÍAS: Si en tus venas la sangre no tuvieras
con que te honró mi padre indignamente,
yo hiciera que quedándose vacías,   1080
de púrpura calzaran a Adonías.

ABSALÓN: ¿Tú pretendes reinar, loco, villano?
¿Tú, muerto Amón del mal que le consume,
subir al trono aspiras soberano,
que en doce tribus su valor resume?   1085

¿Que soy, no sabes, tu mayor hermano?
¿Quién competir con Absalón presume,
a cuyos pies ha puesto la ventura
el valor, la riqueza, la hermosura?

ADONÍAS: Si el reino isräelita se heredara   1090
por el más delicado, tierno y bello,
aunque no soy yo monstruo en cuerpo y cara,
a tu yugo humillara el reino el cuello:
cada tribu hechizado se enhilara
en el oro de Ofir de tu cabello,   1095
y convirtiendo hazañas en deleites
te pecharan en cintas y en afeites.
     Redujeras a damas tu consejo,
a trenzas tu corona, y a un estrado
el solio de tu triste padre viejo,   1100
las armas a la holanda y al brocado:
por escudo tomaras un espejo,
y de tu misma vista enamorado,
en lugar de la espada, a quien me aplico,
esgrimieras tal vez el abanico.   1105
     Mayorazgo te dio Naturaleza
con que los ojos de Isräel suspendes:
el cielo ha puesto renta en tu cabeza,
pues tus madejas a las damas vendes:
cada año, haciendo esquilmo tu belleza,   1110
que han de aliviarla de tu peso entiendes,
repartiendo por tiendas su tesoro,
se compran en doscientos siclos de oro.
     De tu belleza ser el rey procura:
déjame a mía a Isräel, que haces agravio   1115
a tu delicadeza, a tu blandura . . .

ABSALÓN: Cierra, villano, el atrevido labio:
que el reino se debía a la hermosura,
a pesar de tu envidia, dijo un sabio:
señal que es noble el alma que está en ella;   1120
que el huésped bello habita en casa bella.

Cuando mi padre al enemigo asalta,
no me quedo en la corte, dando al ocio
lascivos daños, ni el valor les falta
que con mis hechos quilatar negocio.　　　　1125
Mi acero incircuncisa sangre esmalta:
la guerra, que jubila al sacerdocio,
en mis hazañas enseñar procura
cuán bien dice el valor con la hermosura.
　　　Más ¿para qué lo que es tan cierto he puesto　1130
en duda con razones? Haga alarde
la espada contra quien te has descompuesto
si, porque soy hermoso, soy cobarde.

ADONÍAS: Por adorno no más te la habrás puesto:
no la saques, así el amor te guarde;　　　　1135
que te desmayarás si la ves fuera.

ABSALÓN: Si no saliera el Rey...

ADONÍAS: 　　　　　　　Si no saliera...

　　　(Salen DAVID *y* SALOMÓN*)*

DAVID: 　　Bersabé, vuestra madre, me ha pedido
por vos, mi Salomón: creced, sed hombre;
que si amado de Dios, sois el querido,　　　1140
conforme significa vuestro nombre,
yo espero en El que al trono real subido,
futuros siglos vuestra fama asombre.

SALOMÓN: Vendráme, gran señor, esa alabanza,
por ser de vos retrato y semejanza.　　　　1145

DAVID: 　　Príncipes...

ABSALÓN: 　　　　　　Gran señor...

DAVID: 　　　　　　　　　　¿En qué se entiende?

ADONÍAS: La paz ocupa el tiempo en novedades.
Galas la mocedad al gusto vende,
si el desengaño a la vejez verdades.

ABSALÓN: La caza, que del ocio nos defiende,　　　1150
más convida a buscar las soledades:
ésta trazamos, y tras ella fiestas.
¡Válgame Dios! ¿Qué voces son aquéstas?

(*Sale* TAMAR *llorando*)

TAMAR: Gran monarca de Israël,
descendiente del león,   1155
que, para vengar injurias,
dio a Judá el viejo Jacob,
si lágrimas, si suspiros,
si mi compasiva voz,
si lutos, si menosprecios   1160
te mueven a compasión,
y cuando aquesto no baste,
si el ser hija tuya yo,
a que castigues te incita
al que tu sangre afrentó: 1165
por los ojos vierto el alma,
luto traigo por mi honor,
suspiros al hielo labro,
de inocencia vengador.
Cubierta está mi cabeza   1170
de ceniza; que un amor
desatinado, si es fuego,
sólo deja en galardón
cenizas que lleva el aire;
mas aunque cenizas son,   1175
no quitarán mancha de honra;
sangre sí, que es buen jabón.
La mortal enfermedad
del torpe príncipe Amón
peste de mi honra ha sido,   1180
su contagio me pegó.
Que le guisase mandaste
alguna cosa a sabor
de su villano apetito:
ponzoña fuera mejor.   1185
Sazonéle una sustancia;
mas las sustancias no son
de provecho, si se oponen
accidentes de pasión.

Estaba el hambre en el alma, 1190
y en mi desdicha guisó
su desvergüenza mi agravio:
sazonóle la ocasión;
y sin advertir mis quejas,
ni el proponelle que soy 1195
tu hija, Rey, y su hermana,
su estado, su ley, su Dios.
echando la gente fuera,
a puerta cerrada entró
en el templo de la fama 1200
y sagrado del honor.
Aborrecióme ofendida:
no me espanto; que al fin son
enemigas declaradas
la esperanza y posesión. 1205
Echóme injuriosamente
de su casa el violador,
oprobios por gustos dando:
¡paga, al fin, de tal señor!
Deshonrada, por sus calles 1210
tu corte mi llanto vio:
sus piedras se compadecen,
cubre sus rayos el sol
entre nubes, por no ver
caso tan fiero y atroz: 1215
todos te piden justicia,
¡justicia, invicto señor!
Dirás que es Amón tu sangre;
el vicio la corrompió:
sángrate della, si quieres 1220
dejar vivo tu valor.
Hijos tienes herederos;
semejanza tuya son
en el esfuerzo y virtudes:
no dejes por sucesor 1225
quien deshonrando a su hermana

menosprecia tu opinión;
pues mejor afrentará
los que sus vasallos son.
Ea, sangre generosa   1230
de Abrahán, que su valor
contra el inocente hijo
el cuchillo levantó:
uno tuvo, muchos tienes;
inocente fue, Amón, no.   1235
A Dios sirvió así Abrahán,
así servirás a Dios.
Véncete, Rey, a ti mismo:
la justicia a la pasión
se anteponga, que es más gloria   1240
que hacer piezas un león.
Hermanos, pedid conmigo
justicia. Bello Absalón,
un padre nos ha engendrado,
una madre nos parió.   1245
A los demás no les cabe
de mi deshonra y baldón
sino sola la mitad:
mis medios hermanos son.
Vos lo sois de padre y madre: 1250
entera satisfacción
tomad, o en eterna afrenta
vivid sin fama desde hoy.
Padre, hermanos, isräelitas,
calles, puertas, luna, sol,   1255
brutos, peces, aves, fieras,
elementos cuantos sois,
justicia os pido a todos de un traidor,
de su ley y de su hermana violador.

DAVID: Alzad, mi Tamar, del suelo.   1260
             Llamadme al príncipe Amón.
             ¿Esto es, ¡cielos!, tener hijos?

Mudo me deja el dolor:
lágrimas serán palabras
que expliquen al corazón.   1265
Rey me llama la justicia,
padre me llama el amor,
uno obliga y otro impele:
¿cuál vencerá de los dos?

ABSALÓN: Hermana . . . ¡nunca lo fueras!   1270
da lugar a la razón:
pues no se halla en la venganza,
freno a tus lágrimas pon.
Amón es tu hermano y sangre;
a sí mismo se afrentó: 1275
puertas adentro se quede
mi agravio y tu deshonor.
Mi hacienda está en Efraín,
granjas tengo en Balhasor,
casas fueron de placer,   1280
ya son casas de dolor.
Vivirás conmigo en ellas;
que mujer sin opinión
no es bien que en la corte habite,
muerta su reputación.   1285
Vamos a ver si los tiempos
tan sabios médicos son,
que con remedio de olvidos
den alivio a tu dolor.

TAMAR: Bien dices: viva entre fieras   1290
quien entre hombres se perdió;
que a estar con ellas, ya sé
que no muriera mi honor. (*Vase*)

ABSALÓN: Incestüoso, tirano,
presto cobrará Absalón,   1295
quitándote el reino y vida,
debida satisfacción. (*Vase*)

ADONÍAS: A tan portentoso caso
no hay palabras, no hay razón
que aconsejen y consuelen.   1300
Triste y confuso me voy. (*Vase*)

SALOMÓN: La infanta es hermana mía,
del príncipe hermano soy,
la afrenta de Tamar siento,
temo el peligro de Amón.   1305
El Rey es santo y prudente,
el suceso causa horror:
más vale dar con el tiempo
lugar a la admiración. (*Vase*)

(*Sale* AMÓN)

AMÓN: El Rey mi señor me llama: 1310
¿iré ante el Rey, mi señor?
¿Su cara osaré mirar
sin vergüenza ni temor?
Temblando estoy a la nieve
de aquellas canas; que son   1315
los pecados frías cenizas
del fuego que encendió amor.
¡Qué ambicioso antes del vicio
anda siempre el pecador!,
cometido, ¡qué cobarde!   1320

DAVID: Príncipe . . .

AMÓN: A tus pies estoy.

DAVID: No ha de poder la justicia
(*aparte*)   aquí más que la afición.
Soy padre. También soy rey.
Es mi hijo. Fue agresor.   1325
Piedad sus ojos me piden,
la infanta, satisfacción.
Prendérele en escarmiento
deste insulto. Pero no.

Levántase de la cama: 1330
de su pálido color
sus temores conjeturo.
Pero ¿qué es de mi valor?
¿Qué dirá de mí Isräel
con tan necia remisión?   1335
Viva la justicia, y muera
el príncipe violador.

[alto]   Amón . . .

AMÓN: Amoroso padre . . .

DAVID: El alma me traspasó.
(aparte)   ¡Padre amoroso me llama!   1340

                 (ABSALÓN al paño)

Socorro pide a mi amor.
Pero muera. [Alto] ¿Cómo estáis?

AMÓN: Piadoso padre, mejor.

DAVID: En mirándole, es de cera
[aparte]   mi enojo y deshace el sol.   1345
El adulterio homicida
con ser Rey, me perdonó
el justo Juez, porque dije
un pequé de corazón.
Venció en El a la justicia   1350
la piedad; su imagen soy:
el castigo es mano izquierda,
mano es derecha el perdón,
pues ser izquierdo es defecto.
[alto]   Mirad, príncipe, por vos,   1355
cuidad de vuestro regalo.
(aparte)   ¡Ay prenda del corazón!   (Vase)

AMÓN: ¡Oh poderosas hazañas
del amor, único Dios,
que hoy a David han vencido,   1360
siendo Rey y vencedor!

Que mirase por mí dijo;
tiernamente me avisó;
el castigo del prudente
en la tácita objeción.   1365
Temió darme pesadumbre:
por entendido me doy.
Yo pagaré amor tan grande
con no ofenderle desde hoy.   (*Vase*)

ABSALÓN: ¡Que una razón no le dijo   1370
en señal de sus enojos!
¡Ni un severo mirar de ojos!
Hija es Tamar si él es hijo.
Mas no importa; que yo elijo
la justa satisfacción;   1375
que a mi padre la pasión
de amor ciega: pues no ve,
con su muerte cumpliré
su justicia y mi ambición.

    No es bien que reine en el mundo   1380
quien no reina en su apetito:
en mi dicha y su delito
todo mi derecho fundo.
Hijo soy del Rey segundo,
ya por sus culpas primero: 1385
hablar a mi padre quiero,
y del sueño despertalle
con que ha podido hechizalle
Amor, siempre lisonjero.

    Allí está. Pero ¿qué es esto?   1390
La corona en una fuente,

        (*Una corona en un bufete*)

con que ciñe la real frente
mi padre, grave y compuesto.
La mesa el plato me ha puesto
que ha tanto que he deseado: 1395
debo de ser convidado.

Si el reinar es tan sabroso
como afirma el ambicioso,
no es de perder tal bocado.
 Amón no os ha de gozar,   1400
cerco en que mi gusto encierro;
que sois de oro, y fue de hierro
el que deshonró a Tamar.

  (Toma la corona)

Mi cabeza quiero honrar
con vuestro círculo bello;   1405
mas rehusaréis el hacello,
pues aunque en ella os encumbre,
temblaréis de que os deslumbre
el oro de mi cabello. *(Pónesela)*
 Bien está: vendréisme así   1410
nacida, y no digo mal,
pues nací de sangre real,
y vos nacéis para mí.
¿Sabréos yo merecer? Sí.
¿Y conservaros? También.   1415
¿Quién hay en Jerusalén
que lo estorbe? ¿Amón? Matalle.

  (Al paño DAVID)

Mi padre querrá vengalle.
Matar a mi padre . . .

DAVID: ¿A quién?

ABSALÓN: ¡Ah cielos! A quien no es   1420
vasallo de Vuestra Alteza. *(Arrodíllase)*

  (Sale [DAVID])

DAVID: Con corona en la cabeza
no dices bien a mis pies.

ABSALÓN: Pienso heredarte después;
que anda el príncipe indispuesto.   1425

DAVID: Hástela puesto muy presto:
no serás sucesor suyo:
que desa corona arguyo
que como llega a valer
un talento, es menester   1430
mayor talento que el tuyo.
        En fin, ¿me quieres matar?

ABSALÓN: ¿Yo?

DAVID: ¿No acabas de decillo?

ABSALÓN: Si llegaras bien a oíllo,
mi amor habías de premiar.   1435
Si vengo, dije, a reinar,
vivo tú en Jerusalén,
mi enojo probará quien
fama por traidor adquiere
y, por ser tirano, quiere   1440
matar a mi padre.

DAVID: Bien.
        Pues, ¿quién hay a quien le cuadre
tal título?

ABSALÓN: Pienso yo
quien a su hermana forzó
también matará a su padre.   1445

DAVID: Por ser los dos de una madre,
contra Amón te has indignado;
pues ten por averiguado
que quien fuere su enemigo
no ha de tener paz conmigo.   1450

ABSALÓN: Sin razón te has enojado.
        Sólo yo te hallo crüel.

DAVID: ¿Qué mucho, si tú lo estás
con Amón?

ABSALÓN: No le ama más
que yo nadie en Isräel;   1455

antes, gran señor, con él
y los príncipes, quisiera
que Vuestra Alteza viniera
al esquilmo que ha empezado
en Balhasor mi ganado,   1460
y que esta merced me hiciera.
   Tan lejos de desatinos
y venganzas necias vengo,
que allí banquetes prevengo
de tales personas dignos.   1465
Honre nuestros vellocinos
vuestra presencia, señor,
y divierta allí el dolor
que le causa este suceso:
conocerá que intereso   1470
granjear sólo su amor.

DAVID: Tú fueras el fénix del,
si estas cosas olvidaras,
y al príncipe perdonaras,
no vil Caín, sino Abel.   1475

ABSALÓN: Si hiciera memoria del,
plegue a Dios que me haga guerra
cuanto el sol dorado encierra,
y contra ti rebelado,
de mis cabellos colgado   1480
muera entre el cielo y la tierra.

DAVID: Si eso cumples, mi Absalón,
mocedades te perdono:
con los brazos te corono,
que mejor corona son.   1485

ABSALÓN: En mis labios tus pies pon,
y añade a tantas mercedes,
porque satisfecho quedes,
señor, el venir a honrar
mi esquilmo, pues da lugar   1490
la paz, y alegrarte puedes.

DAVID:	Harémoste mucho gasto:
	no, hijo, guarda tu hacienda.
	El reino pide que atienda
	la vejez que en canas gasto. 1495
ABSALÓN:	Pues a obligarte no basto
	a esta merced, da licencia
	que supliendo tu presencia
	Adonías, Salomón,
	hagan, yendo con Amón, 1500
	de mi amor noble experiencia.
DAVID:	¿Amón? Eso no, hijo mío.
ABSALÓN:	Si melancólico está,
	sus penas divertirá
	el ganado, el campo, el río. 1505
DAVID:	Temo que algún desvarío
	dé nueva causa a mi llanto.
ABSALÓN:	De la poca fe me espanto
	que tiene mi amor contigo.
DAVID:	La experiencia en esto sigo; 1510
	que cuando con el disfraz
	viene el agravio de paz,
	es el mayor enemigo.
ABSALÓN:	Antes el gusto y regalo
	que he de hacelle ha de abonarme: 1515
	en esto pienso esmerarme.
DAVID:	Nunca el recelar fue malo.
ABSALÓN:	¡Plegue al cielo que sea un palo
	alguacil que me suspenda,
	cuando yo al príncipe ofenda! 1520
	No me alzaré de tus pies,
	padre, hasta que a Amón me des.
DAVID:	Del alma es la mejor prenda;
	pero en fe de que me fío
	de ti, yo te lo concedo. 1525
ABSALÓN:	Cierto ya de tu amor quedo.
DAVID:	¿De qué dudáis, temor frío?
[aparte]	

ABSALÓN:	Voyle a avisar.
DAVID:	Hijo mío, al olvido agravios pon.
ABSALÓN:	No temas.
DAVID:	¡Ay mi Absalón! 1530 Lo mucho que te amo pruebas.
ABSALÓN:	Adiós.
DAVID:	Mira que me llevas la mitad del corazón. [*Vanse*]

(*Salen* TAMAR, TEUCA *rebozadas, y Pastores cantando*)

[PASTORES]:   *Al esquilmo, ganaderos;*   (*Cantan*)
que balan las ovejas y los carneros.   1535
Ganaderos, a esquilar;
que llama a los pastores el mayoral.

[UNO]:   Dichosas serán desde hoy
las reses que en el Jordán
cristales líquidos beben,   1540
y en tomillos pacen sal.
Ya con vuestra hermosa vista
yerba el prado brotará,
por más que la seque el sol,
pues vos sus campos pisáis.   1545
¿De qué estáis tan dolorosa,
hermosísima Tamar,
pues con vuestros ojos bellos
estos montes alegráis?
Si dicen que está la corte   1550
doquiera que el Rey está
y vos sois reina en Belén,
la corte es ésta, no hay más.
Ea, Infanta, entreteneos,
y esa hermosura mirad   1555
en las aguas, que os ofrecen
por espejo su cristal.

TAMAR: Temo de mirarme en ellas.

[OTRO]:   Si es por no os enamorar
de vos misma, bien hacéis: 1560
un ángel os trajo acá.
Mas asomaos con todo eso:
veréis cómo os retratáis
en la tabla deste río,
si en ella vos os miráis;   1565
y haréis un cuadro valiente,
que, porque le guarnezcáis,
las flores de oro y azul
de marco le servirán.
Honradlas, miraos en ellas.   1570

TAMAR: Aunque hermosa me llamáis,
tengo una mancha afrentosa:
si la veo, he de llorar.

[OTRO]:   ¿Mancha tenéis? Y aun por eso,
que aquí los espejos que hay,   1575
si manchas muestran las quitan
enseñando acá amistad.
Allá los espejos son
sólo para señalar
faltas, que viéndose en vidrio,   1580
con ellas en rostro dan.
Acá son espejos de agua,
que a los que a mirarse van,
muestran manchas y las quitan
en llegándose a lavar.   1585

TAMAR: Si agua esta mancha quitara,
harta agua mis ojos dan:
sólo a borralla es bastante
la sangre de un desleal.

[OTRO]:   No vi en mi vida tal muda: 1590
miel virgen afeita acá;
que ya hasta las caras venden
postiza virginidad.
¿Son pecas?

TAMAR (*aparte*):   Pecados son.

[OTRO]:	Cubrillas con solimán.	1595
TAMAR:	No queda, pastor, por eso:	
	toda yo soy rejalgar.	
[UNO]:	¿Es algún lunar acaso	
	que con la toca tapáis?	
TAMAR:	No se muda cual la luna.	1600
(*aparte*)	No es la deshonra lunar.	
[UNO]:	Pues sea lo que se fuere,	
	pardiez, que hemos de cantar	
	y aliviar la pesadumbre;	
	que es locura lo demás.	1605
	Pero Teuca viene allí,	
	y pienso que de cortar	
	unas flores del jardín.	
TAMAR:	Todo es tristeza y pesar.	
	(TEUCA *con unas flores, rebozada*)	
[UNO]:	Teutica, no te descubras,	1610
	segura puedes estar	
	de que el sol no ha de abrasarte;	
	bien te conoce de allá.	
TEUCA:	Todas estas flores bellas	
	a la primavera he hurtado;	1615
	que pues de amor son traslado,	
	competir podéis con ellas.	
	Lleno viene este cestillo	
	de las más frescas y hermosas	
	hierbas, jazmines y rosas,	1620
	desde el clavel al tomillo.	
	Aquí está la manutisa,	
	la estrella-mar turquesada,	
	con la violeta morada,	
	que amor, porque huela, pisa.	1625
	Tomaldos, que son despojos	
	del campo, y juntad con ellos	
	labios, aliento y cabellos,	
	pecho, frente, cejas y ojos.	
	(*Dale un ramillete*)	

TAMAR: Todas las que abril esmalta   1630
pierden en mí su color,
amiga, porque la flor
que más me importa, me falta.

TEUCA: ¡Qué presto te has de vengar!

TAMAR: Ese es todo mi consuelo,   1635
y si no, trágueme el suelo.

TEUCA: Bien te puedes consolar.
Alegráos, ¿en qué pensáis?

TAMAR: Me parece que han venido
los príncipes que han querido   1640
honrarnos hoy.

[UNO]: ¿Qué aguardáis?

[OTRO]: Mientras el convite pasa,
al soto apacible vamos,
y de flores hierba y ramos
entapicemos la casa.   1645

OTRO: Ardenio tiene razón:
démonos prisa, pastores;
pero, ¿qué ramos y flores
hay como ver a Absalón?   (*Vanse*)

TAMAR: Teuca, vámonos de aquí.   1650

TEUCA: ¿Para qué? Bien disfrazada
estás.

TAMAR: Di mal injuriada...
¡No puedo caber en mí!

(*Salen* ABSALÓN, ADONÍAS, SALOMÓN, AQUITOFEL, *y* AMÓN,
de caza, y JONADAB)

AMÓN: Bello está el campo.

ABSALÓN: Es el mayo
el más galán, todo es flor.   1655

JONADAB: A lo menos labrador,
según ajirona el sayo.

AMÓN: Oye, que hay aquí serranas.

JONADAB: Y no de mal talle y brío.

ABSALÓN:	De mi hacienda son, y os fío	1660
	que envidian las cortesanas	
	el aseo y hermosura.	
AMÓN:	Bien haya quien la belleza	
	debe a la Naturaleza,	
	no al afeite y compostura.	1665
ABSALÓN:	Esta es mujer tan curiosa,	
	que de lo futuro avisa;	
	teniéndola por fitonisa	
	estos rústicos.	
SALOMÓN:	¿Y es cosa	
	de importancia?	
AMÓN:	Desta gente	1670
	hacer caso es vanidad:	
	tal vez dirá una verdad,	
	y después mentirá veinte.	
	Mas, ¿por qué están embozadas?	
ABSALÓN:	Es una hermosa pastora	1675
	la una, que injurias llora,	
	y la imita la criada.	
JONADAB:	Ella tiene buena flema.	
AMÓN:	¿No la veremos?	
ABSALÓN:	No quiere,	
	mientras sin honra estuviere,	1680
	descubrirse.	
JONADAB:	¡Lindo tema!	
AMÓN:	Ahora bien, con vos me entiendo.	
	Llegaos, mi serrana, acá.	
TEUCA:	Su Alteza pretenderá,	
	y después irase huyendo	1685
AMÓN:	Bien parecéis adivina.	
	Llena de flores venís.	
	¿Por qué no las repartís,	
	si el ser cortés os inclina?	

TEUCA: Estos prados son teatro   1690
que representa a Amaltea;
mas porque no tengáis queja,
a cada cual de los cuatro
tengo de dar una flor.

AMÓN: ¿Y esotra serrana es muda?   1695
¿Cómo no habla?

TEUCA: Está muda.

AMÓN: ¿Mudas hay acá?

TEUCA: De honor.

AMÓN: ¿Hay honor entre villanas?

TEUCA: ¡Y cómo! Más firme está;
que no hay príncipes acá,   1700
ni fáciles cortesanas.
    Pero dejémonos desto,
y va de flor.   *(Saca las flores)*

AMÓN: ¿Cuál me cabe?

(Dale una azucena con una espadaña)

TEUCA: Esta azucena süave.

AMÓN: Eso es tratarme de honesto.   1705

TEUCA: Yo sé que olella os agrada;
pero no la deshojéis;
que la espadaña que véis
tiene la forma de espada:
    y aquesos granillos de oro,   1710
aunque a la vista recrean,
manchan si los manosean,
porque estriba su tesoro
en ser intactos: dejaos,
Amón, de deshojar flor   1715
con espadañas de amor;
y si la ofendéis, guardaos.

AMÓN: Yo estimo vuestro consejo.

(aparte)   Demonio es esta mujer.

SALOMÓN: ¿Qué te ha dicho?

AMÓN: No hay que hacer   1720
        caso; por loca la dejo.
ADONÍAS: ¿Qué flor me cabe a mí?
TEUCA: Extraña:
        espuela de caballero.
ADONÍAS: Bien por el nombre la quiero.
TEUCA: A veces la espuela daña.   1725
ADONÍAS: Diestro soy.
TEUCA: Sí, lo sois harto;
        pero guardaos, si os agrada,
        de una doncella casada.
        No os perdáis por picar alto.
ADONÍAS: No os entiendo.
ABSALÓN: Yo me quedo   1730
        postrero; id, hermano, vos.
SALOMÓN: Confusos quedan los dos.
    (*aparte*)   Si acaso obligaros puedo,
                más conmigo os declarad.
TEUCA: Esta es corona de rey,   1735
        flor de vista, olor y ley:
        sus propiedades gozad;
            que, aunque rey, seréis espejo,
        y el mayor de los mejores,
        temo que os perdáis por flores   1740
        de amor, si sois mozo viejo.
AMÓN: ¿Buena flor?
SALOMÓN: Con su pimienta.
ABSALÓN: ¿Cuál me cabe a mí?
TEUCA: Este narciso.
ABSALÓN: Ese a sí mismo se quiso.
TEUCA: Pues tened, Absalón, cuenta   1745
            con él, y no os queráis tanto,
        que de puro engrandeceros,
        estimaros y quereros,
        de Isräel seréis espanto.

Vuestra hermosura enloquece 1750
a toda vuestra nación:
narciso sois, Absalón,
que también os desvanece.
    Cortaos esos hilos bellos;
que si los dejáis crecer, 1755
os habéis presto de ver
en alto por los cabellos.

(*Al oído a* TEUCA)

ABSALÓN: Teuca, advierte que si en alto
por los cabellos me veo,
yo premiaré tu deseo, 1760
y a Isräel daré un asalto.

[*Vase* TEUCA]

AMÓN: Confusos hemos quedado.

ABSALÓN: Príncipes, alto; a comer.
(*aparte*)   Sobre el trono me he de ver
de mi padre coronado. 1765
    Muera en el convite Amón,
quede vengada Tamar,
dé la corona lugar
a que la herede Absalón.   (*Vase*)

(*Sale un villano*)

[VILLANO]:   La comida, que se enfría, 1770
a Vuestras Altezas llama.

AMÓN: De aquesta serrana dama
ver la cara gustaría;
    que me tiene en confusión.

ADONÍAS: No nos hagáis esperar.   (*Vase*) 1775

JONADAB: No, no me quiero quedar,
que como con Absalón.   (*Vase*)

AMÓN: Yo, serrana, estoy picado
de esos ojos lisonjeros,
que deben de ser fulleros,   1780
pues el alma me han ganado.
¿Queréisme vos despicar?
TAMAR: Cansaráos el juego presto,
y en ganando el primer resto,
luego os querréis levantar.   1785
AMÓN: ¡Buenas manos!
TAMAR: De pastora.
AMÓN: Dadme una.
TAMAR: Será en vano
dar mano a quien da de mano,
y ya aborrece, ya adora.
AMÓN: Llegaréla yo a tomar,   1790
pues su hermosura me esfuerza.
TAMAR: ¿A tomar? ¿Cómo?
AMÓN: Por fuerza.
TAMAR: ¡Qué amigo sois de forzar!
AMÓN: Basta; que aquí todas dais
en adivinas.
TAMAR: Queremos   1795
estudiar cómo sabremos
burlaros, pues que burláis.
AMÓN: ¿Flores traéis vos también?
TAMAR: Cada cual, humilde y alta,
busca aquello que le falta.   1800
AMÓN: Serrana, yo os quiero bien
dadme una flor.
TAMAR: ¡Buen floreo
os traéis! Creed, señor,
que hasta perder yo una flor,
no sintiera el mal que veo.   1805
AMÓN: Una flor he de tomar.
TAMAR: Flor de Tamar, diréis bien.
AMÓN: Forzaréos, dalda por bien.
TAMAR: ¡Qué amigo sois de forzar!

AMÓN: Destapaos.

TAMAR: No puede ser.   1810

AMÓN: Ya te digo que he de verte.

TAMAR: Aparta.

           (Vala a descubrir)

AMÓN: Pues desta suerte
lo has de hacer. Vete, mujer.
    ¡Ay cielos! ¡Monstruo! ¿Tú eres?
¿Quién los ojos se sacara   1815
primero que te mirara,
afrenta de las mujeres?
    Voyme, y pienso que sin vida;
que tu vista me mató.
No esperaba ¡cielos!, yo   1820
tal principio de comida.   *(Vase)*

TAMAR: Peor postre te han de dar,
bárbaro, crüel, ingrato,
pues será el último plato
la venganza de Tamar.   1825
    Amón, ya ha llegado el día
en que tu muerte has de ver;
que agraviada una mujer ...

           (Dentro)

SALOMÓN: ¡Hay tan grande alevosía!

ABSALÓN: La comida has de pagar   1830
dándote muerte, villano.

AMÓN: ¿Por qué me matas, hermano?

ABSALÓN: Por dar venganza a Tamar.

   (Descúbrese una mesa con un aparador de plata, y los manteles re-
vueltos; AMÓN *echado sobre ella con una servilleta, ensangrentado)*

    Para ti, hermana, se ha hecho
el convite: aqueste plato,   1835
aunque de manjar ingrato,
nuestro agravio ha satisfecho:
hágate muy buen provecho.

Bebe su sangre, Tamar;
procura en ella lavar   1840
tu fama, hasta aquí manchada.
Caliente está; tú vengada,
fácil la puedes sacar.
   A Gesur huyendo voy,
que es su Rey mi abüelo, y padre   1845
de nuestra injuriada madre.

TAMAR: Gracias a los cielos doy,
que no lloraré desde hoy
mi agravio, Absalón valiente.
Ya podré mirar la gente,   1850
resucitando mi honor;
que la sangre del traidor
es blasón del inocente.
   Quédate, bárbaro, ingrato,
que en venta lo teníais puesto: 1855
sepulcro del deshonesto
es la mesa, taza y plato.

ABSALÓN: Heredar el reino trato.

TAMAR: Guíente los cielos bellos.

ABSALÓN: Amigos tengo, y por ellos,   1860
como dijo Teuca ayer,
todo Isräel me ha de ver
en alto por los cabellos.

(Vanse, y cúbrese la apariencia, y sale David)

DAVID: ¡Amón, príncipe, hijo mío,
eres tú? Pide al deseo   1865
albricias, que los instantes
juzgo por siglos eternos.
Amón mío, ¿dónde estás?
Deshaga al temor los hielos
el sol de tu cara hermosa,   1870
remoce tu vista a un viejo.
¿Si se habrá Absalón vengado?

¿Si habrá sido, como temo,
ingrato Absalón conmigo?
Pero no, que el juramento   1875
ha de cumplir, yo lo fío,
y es su hermano, por lo menos.
¡Oh!, ¿qué hago de discurrir?
La sangre hierve sin fuego.
Mas, ¡ay!, que es sangre heredada,   1880
y Amón culpado en efecto.
Absalón ¿no me juró
no agraviarle? ¿De qué temo?
Pero el amor y el agravio
nunca guardan juramento.   1885
La esperanza y el temor
en este confuso pleito
alegan en pro y en contra;
sentenciad en favor, cielos.
Caballos se oyen. ¿Si son   1890
mis amados hijos éstos?
Alma, asomaos a los ojos:
ojos, abríos para verlos:
grillos, echad el temor
a los pies, cuando el deseo   1895
se arroja por las ventanas.
¡Hijos . . .

(*Salen* ADONÍAS *y* SALOMÓN)

ADONÍAS: ¡Señor! . . .
DAVID: ¿Venís buenos?
¿Qué es de vuestros dos hermanos
Amón y Absalón? ¿Qué es esto?
¿Cómo no me respondéis?   1900
¡Calláis! Siempre fue el silencio
embajador de desgracias.
¡Lloráis! Hartos mensajeros
mis sospechas certifican:
no eran vanos mis recelos.   1905

¿Mató Absalón a su hermano?

SALOMÓN: Sí, señor.

DAVID: ¡Pierda el consuelo
la esperanza de volver
al alma, pues a Amón pierdo!
Con eterna posesión   1910
el llanto, porque es eterno,
de mis infelices ojos,
hasta que los deje ciegos.
Lástimas hable mi lengua;
no escuchen sino lamentos   1915
mis oídos lastimosos.
¡Ay mi Amón! ¡Ay mi heredero!
Búsquese luego a Absalón,
marchen ejércitos luego
a buscarle.

ADONÍAS: Señor, mira . . .   1920

DAVID: No hay que aconsejarme en esto.
¡Ay Amón del alma mía!
Tú y Absalón me habéis muerto.

JORNADA TERCERA

(Salen JOAB, SEMEY *y* JONADAB, *como hablando de secreto)*

JOAB:	¿Y dónde está esa mujer?
SEMEY:	Jonadab, que es quien por ella 1925
	fue a Balhasor, dirá adonde.
JONADAB:	Esperando está aquí fuera,
	ya en el isräelita traje
	disfrazada y encubierta,
	si bien pudiera excusarlo, 1930
	porque la Naturaleza
	por la muerte de lo rubio,
	le dio un luto de bayeta.
JOAB:	Y, en fin, ¿tenéis, Semey,
	satisfacción de que sepa 1935
	hablar con el Rey?
SEMEY:	No hay mujer de más alta ciencia
	ni de más sutil ingenio
	en el orbe.
JOAB:	¿De qué tierra
	es y qué nombre es el suyo? 1940
SEMEY:	Por patria y por nombre es Teuca.
JOAB:	¿Es la fitonisa?
SEMEY:	Sí,
	que la he tenido encubierta,
	hasta ver el vaticinio
	de los dos qué efecto tenga. 1945
JOAB:	Que ha de ser de un testamento
	cláusula la muerte nuestra,
	dijo a los dos, yo arrojando
	lanzas, vos tirando piedras.
	Pero esto ahora no es del caso, 1950
	ni yo temo que suceda.

Decidme si está ya advertida
de lo que hoy hacer desea
mi lealtad por Absalón.

SEMEY: Sí; antes que entre a la audiencia, 1955
os suplico me digáis
qué pretensión es la vuestra.

JOAB: Desde aquel infeliz día
que, convertido en tragedia,
la real púrpura de Amón 1960
manchó de Absalón la mesa,
Absalón se fue a Gesur,
haciendo del reino ausencia,
por ser la provincia donde
Tolomey, su abuelo, reina. 1965
Si se fue Tamar con él,
no sé; que nadie habla della
en Isräel desde el día
que se quejó de la fuerza
a David, y a Balhasor 1970
la envió Absalón: de manera
que ella en poder de su hermano
estará; y cuanto yo quiera
decir desde aquí, ha de ser
conjetura y no certeza. 1975
Yo, viendo, pues, sospechosa
con Absalón mi obediencia,
por sanear la malicia
y desvelar la sospecha,
su venida he pretendido, 1980
sin que mi privanza pueda
en la clemencia del Rey,
con ser tanta su clemencia,
hallar entrada al perdón;
que le han cerrado las puertas 1985
en David los sentimientos,
y en todo el reino las quejas.

Y, en fin, viendo que no es medio
una pena de otra pena,
ya del ruego despedido,   1990
me valgo de la cautela,
buscando una mujer sabia.
Pues vos me dijisteis della,
y ella está informada ya
de lo que mi pecho intenta,   1995
haced que entre a hablar al Rey,
pues no tendrá riesgo al verla;
que en audiencia las viudas
siempre hablan al Rey cubiertas;
que yo le quiero asistir,   2000
hablando en la causa mesma
de Absalón al propio instante,
haciendo así la deshecha
por divertir sus discursos.

SEMEY: El sale ya.

JOAB: No nos vea   2005
            hablando.

SEMEY: En todo obedezco.
Tú, Jonadab, considera
que en habiendo hablado al Rey
aquesta mujer, con ella
has de volverte a Efraín;   2010
y que tiene, es bien que sepas,
un espíritu en el pecho.
Si acaso llegas a verla
furiosa, no hay que temer;
que un demonio la atormenta.   2015

JONADAB: Sí, hay que temer, y muy mucho
aun por esa razón mesma.

SEMEY: Calla, mira que el Rey sale.

(*Sale el Rey tomando algunos memoriales de algunos soldados, y* AQUITOFEL)

AQUITOFEL: Mi pretensión es aquésta.

DAVID: Ya la merced de la plaza   2020
de mi consejo de guerra
os he hecho.

AQUITOFEL: No es, señor,
lo que mi pecho desea.

DAVID: Por eso mismo os la he hecho,
y porque desta manera   2025
advirtáis la obligación
que tienen los que aconsejan.
¿Joab de audiencia en la sala?

JOAB: Sí, señor, que soy en ella
el primero pretendiente.   2030

DAVID: ¿Tú? ¿Qué pretendes?

JOAB: Que tenga
fin de Absalón el enojo.
Dos años ha . . .

DAVID: Tente, espera.
No me habléis de Absalón.

JOAB: Advierte . . .

DAVID: Nada me adviertas.   2035
Mirad si hay quien quiera hablarme.

SEMEY: De negro luto cubierta,
una mujer solicita,
señor, que la des audiencia.

DAVID: Entre, pues.

JOAB: ¡Quieran los cielos   2040
[aparte] bien esta industria suceda!

(Sale TEUCA, *vestida de luto y echado el manto*)

JONADAB: A esta negra endemoniada
[aparte] ¿no le bastaba ser negra?

TEUCA: Señor, yo soy una pobre
viuda, que a las plantas vuestras   2045
solicito hallar amparo
contra una grande violencia
que me hacen vuestros jueces;

porque aunque razones tengan
en la justicia fundadas,   2050
tal vez debe la prudencia
moderar a la justicia;
pues no es dudable que sea
tiranía que la ley
a lo que puede se extienda.   2055

JONADAB: ¡Que fuera de ver que ahora
  [*aparte*]   la diera la pataleta!

DAVID: Levantad, decid.

TEUCA: Yo tuve
dos hijos, señor, que eran,
difunto ya mi marido,   2060
el consuelo de mis penas.
Esos en el campo un día
tuvieron una pendencia
entre sí . . . ¡De los primeros
hermanos la amarga herencia!   2065
No hubo quien los esparciese:
de suerte, que con la fiera
cólera, mató uno al otro.
¡Ah bárbara pasión ciega
de la ira, que irritada,   2070
ni aun de su sangre se acuerda!
Vino a casa el fratricida,
pidiéndome que le diera
con qué ausentarse, porque
la justicia no le prenda.   2075
Yo, viendo ya un hijo muerto,
siendo a un tiempo en mis tristezas
la parte para llorarlas,
y la parte contra ellas,
traté de ocultar el vivo,   2080
porque los dos no perezcan.
Los jueces, pues, de Isräel,

haciendo mil diligencias
buscándole, han pronunciado
contra mí aquesta sentencia: 2085
que entregue a mi hijo, o que yo
porque le he ocultado, muera.
¡Mirad, señor, si es justicia
que llegue a entregar yo mesma
un hijo solo, en quien hoy 2090
las cenizas se conservan
de su padre!; que, aunque he sido
la interesada en la ofensa,
más lo soy en el reparo
de su vida, porque fuera, 2095
perdido uno, entregar otro,
doblar al dolor las fuerzas.
Piedad, gran señor, os pido.

DAVID: No llores, mujer, no temas;
que no mereces morir 2100
porque a tu hijo defiendas;
antes es justa piedad
la tuya; y más yerro hicieras,
si muerto el uno, acusaras
al otro; pues cosa es cierta 2105
que hace más el que perdona
su dolor que el que se venga.

TEUCA: ¿Eso dices?

DAVID: Eso digo,
y una y mil veces mi lengua
repetirá que es piedad 2110
guardarle.

TEUCA: Luego con esa
razón convenido estás . . .

DAVID: ¿De qué?

TEUCA: De la ira que muestras
tener hoy contra Absalón;

	pues, opuesto a tu sentencia,	2115
	muerto el uno y ausente otro,	
	quieres que entrambos se pierdan.	
	Vuelva Absalón a su patria,	
	o verá Isräel que yerras	
	en no hacerlo, pues no obras	2120
	lo mismo que tú sentencias.	
DAVID:	Espera, mujer, aguarda,	
	no porque castigar quiera	
	tu engaño, mas por saber	
	si es Joab quien te aconseja	2125
	que intentes aqueste juicio.	
	Dilo, y mira no me mientas.	
TEUCA:	Sí, señor.	
DAVID:	Pues vete en paz,	
	que yo haré lo que convenga.	
SEMEY:	Esta vez de su privanza	2130
[aparte]	cae Joab.	
AQUITOFEL:	¡El cielo quiera!	
[aparte]		
SEMEY:	Ve con ella.	
JONADAB:	Si va el diablo,	
	¿para qué he de ir yo con ella?	

(*Vanse* JONADAB *y* TEUCA)

DAVID:	¡Joab!	
JOAB:	¿Yo?	
DAVID:	No os turbéis; haced	
	que Absalón a mi Corte vuelva;	2135
	que no es justo pronunciar	
	yo una cosa por bien hecha,	
	y hacer otra. Ya lo dije,	
	y ya conozco que es fuerza	
	que, un hijo muerto, otro vivo,	2140
	llore uno y otro defienda;	

que si uno se perdió,
nada el enojo remedia,
y es justo amparar el otro,
porque entrambos no se pierdan.   2145

JOAB: Dame mil veces tus plantas.
AQUITOFEL: Pues ya, con esa licencia,
             presto Absalón vendrá a verte.
DAVID: ¿Dónde está?
AQUITOFEL: En la gran clemencia
             fiado, pienso que en Hebrón   2150
             su persona está muy buena.
DAVID: No es tan malo que lo esté,
(aparte)   como lo es que tú lo sepas.
             Ve por él, venga al instante.

                (*Vase* AQUITOFEL)

DENTRO: ¡Viva el gran Rey de Judea!   2155
DAVID: ¿Qué ruido es ese, y qué voces?
JOAB: Toda la ciudad, que llena
             de regocijo está,
             como ha corrido la nueva
             ya del perdón de Absalón.   2160
DAVID: ¡Cómo se ve en tus diversas
             opiniones, vulgo, que eres
             monstruo de muchas cabezas,
             pues lo que ayer acusabas
             contra Absalón, hoy apruebas!   2165
                (*Sale* ENSAY *viejo*)
ENSAY: Señor, un pobre soldado
             soy, tan hijo de la guerra,
             que en ella nací, y espero
             morir sirviéndote en ella.
             De vuestro consejo aspiro   2170
             a ser: la larga experiencia
             de las lides y los daños
             a esta pretensión me alienta.
             Una plaza hay vaca . . .

DAVID: Ya
a Aquitofel la di, en muestra   2175
de que quisiera obligarle . . .
[*aparte*]   por el temor que en mí engendra.
[*alto*]   Pero yo en otra ocasión
premiaré las canas vuestras.

ENSAY: ¿A Aquitofel la habéis dado?   2180
¡Plegue a Dios que no suceda
que él premiado, y yo quejoso,
yo os sirva, y él os ofenda.   [*Vase*]
        (*Sale* ADONÍAS *y* SALOMÓN)

ADONÍAS: La merced que hoy a Absalón
has hecho, es bien que agradezca   2185
nuestra amistad.

SALOMÓN: Y por él
la mano mi amor te besa.

DAVID: El tiempo, que con la sorda
lima de las horas, llega
a asaltar nuestros afectos,   2190
sin que su ruido se sienta,
mi sentimiento ha gastado;
y si una verdad confiesa
el alma, ya Absalón tarda
de llegar a mi presencia.   2195

JOAB: No mucho, porque parece
que esperando la respuesta
estaba.
        (*Tocan chirimías*)

SALOMÓN: Ya por palacio
muy acompañado entra.

   (*Salen los que pudieren y* ABSALÓN *y* AQUITOFEL)

ABSALÓN: ¡Feliz mil veces el día   2200
que, tras de tantas tormentas,
mi derrotada fortuna
al sagrado puerto llega,
señor, de tus reales plantas!

DAVID:	Alza, Absalón, de la tierra:	2205
	llega, Absalón, a mis brazos,	
	cuyo cariño sucedan	
	hoy Salomón y Adonías.	
SALOMÓN:	Con bien, bello Absalón, vengas.	
ADONÍAS:	El cielo aumente tu vida.	2210
ABSALÓN:	El guarde, hermanos, las vuestras.	
DAVID:	Por Tamar no te pregunto,	
	por no despertar en esta	
	ocasión algún rencor:	
	ya pues que con tales muestras	2215
	habéis visto que le admito,	
	salíos todos allá fuera;	
	que entre hijo y padre, el perdón	
	público es justo que sea;	
	pero no entre padre y hijo	2220
	del perdón las advertencias.	
	Dejadnos solos.	

(*Vanse los dos*)

No dudo,
Absalón, que ahora piensas
entre ti que espera darte
quejas de tu inobediencia   2225
haber quedado contigo;
¡ojalá pues no lo entiendas!,
porque no perdona bien
el que, perdonando, deja
nada al temor que decir,   2230
ni que hacer a la vergüenza.
Y para que mires cuánto
al contrario es lo que intenta
mi amor, es darte, Absalón,
satisfacciones, no quejas,   2235
del tiempo que en perdonarte
tardé, Absalón. La primera,

sea cierto de que yo
lo desee con todas veras
más que tú. ¡Ay!, cuántas veces 2240
maldije mi resistencia!
Forzosa fue, Absalón mío,
no porque en mí no cupiera
valor para perdonarte
mayores inobediencias, 2245
sino porque temo más
las por hacer que las hechas,
según las cosas que todos
de tu condición me cuentan.
No te quiero referir 2250
las malicias, las sospechas,
los escrúpulos, las dudas
que han llegado a mis orejas,
por no obligarme a decirlas;
sólo te advierto que sepas 2255
que yo vivo, que yo reino,
que la sagrada diadema
está en mis sienes muy fija,
aunque oprime más que pesa,
y que sabré... Mas no es día 2260
hoy de hablar de esta manera.
Nada temo, nada dudo
de tu amor y tu obediencia.
Seamos, Absalón, amigos:
con amorosas contiendas, 2265
con lágrimas te lo pido;
y si no fuera indecencia
desta púrpura, estas canas,
hoy a tus plantas me vieras
humildemente postrado, 2270
pidiéndote, puesto en ellas,
pues te quiero como padre
que como hijo me obedezcas;
y porque veas cuán poco

dudando voy tus finezas,   2275
no quiero que me respondas,
porque no pienses ni creas
que yo he podido dudar
cuál ha de ser tu respuesta.   (*Vase*)

ABSALÓN: ¡Qué caduco está mi padre,   2280
pues cuando sé yo que intenta
dar el reino a Salomón,
quiere que yo me enternezca
de sus lágrimas! Mas antes . . .
                (*Sale* AQUITOFEL)

AQUITOFEL: Esperando a que se fuera   2285
el Rey estuve. ¿Qué ha habido
con él?

ABSALÓN: Mil impertinencias.
¿Hay cosa como decirme
que el perdonarme agradezca?
¿No perdonó a Amón? ¿No es más   2290
delito hacer una afrenta
que vengarla?

AQUITOFEL: Sí, por cierto.
Y tú, si lo consideras,
tienes la culpa.

ABSALÓN: ¿De qué?

AQUITOFEL: De que él piense que te deja   2295
con esa acción obligado.
¿Mucho mejor no te fuera
haber entrado por armas,
haciendo del ruego fuerza?
¿No están diversas provincias   2300
ya convocadas? ¿No esperan
para declararse, sólo
que se toque la trompeta
de tu ejército en Hebrón?

¿Pues para qué ha sido esta   2305
ceremonia? ¿No sería
acción más prudente y cuerda,
primero que te perdone,
obligarle a que te tema?

ABSALÓN: Verdad es que yo carteado   2310
estoy con gentes diversas,
que en diciendo que me sigan,
veré en la campaña puestas;
pero, con todo, he querido
reconciliarme con esta   2315
fingida amistad, porque
hace más segura guerra
un enemigo de casa
sólo, que muchos de fuera.
Demás de que yo aún no tengo   2320
bastante gente que pueda
seguirme, y aquí pretendo
granjearla con mi asistencia.

AQUITOFEL: ¿De qué suerte?

ABSALÓN: Desta suerte.
Ya sabes que las audiencias   2325
de Israël siempre se hicieron
de la ciudad a las puertas.
Saldréme al campo, y en viendo
que un pretendiente se queja,
ya de mala provisión,   2330
ya de contraria sentencia,
le llamaré y le diré
que como a mí me obedezca,
le haré justicia. Con esto
los malcontentos es fuerza   2335
que me sigan y me aclamen.

AQUITOFEL: Dices bien, si consideras
que la justicia, una y sola,
dos no se ve que la tengan;

y así, de cualquiera causa   2340
haber un quejoso es fuerza
por lo menos.

ABSALÓN: Pues en tanto
que yo hago estas diligencias,
parte tú, y avisa a todos
que a la deshilada vengan   2345
para juntarse en Hebrón.
Tamar está aquí encubierta
con la gente de Gesur:
yo la escribiré que venga
acercándose, y verás   2350
enarbolar mis banderas
en Jerusalén, y que
a sangre y fuego hago guerra
a mi padre y mis hermanos,
coronando mi cabeza   2355
de sus laureles.

AQUITOFEL: Sí harás,
si a los malcontentos llevas
tras ti, porque como todos
de sí que merecen piensan,
son pocos los que agradecen,   2360
y muchos los que se quejan. (*Vanse*)

(*Sale* JONADAB *y* TEUCA)

JONADAB: Bien alabarme puedo
[*aparte*]   de haber tenido a ratos lindo miedo;
               pero como el de agora,
               yendo con esta antípoda de aurora,   2365
               jamás le he de tener ni le he tenido.

TEUCA: ¿En qué vos, Jonadab, tan divertido?

JONADAB: ¿Yo divertido? En nada ...
[*aparte*]   Pues es ir con el diablo a camarada.

TEUCA: (*aparte*)	Mas causa no tuviera 2370 yo para caminar con saña fiera, triste, confusa y loca, por una duda que en el alma toca.
JONADAB: [*aparte*]	Consigo viene hablando. ¿Mas qué se va el demonio endemoniando? 2375
TEUCA: [*aparte*]	Si el espíritu grande, que ha vivido en mí, espíritu de odio y ira ha sido, del rencor y discordia, ¿cómo viene de hacer esta concordia de Absalón y David?
JONADAB: [*aparte*]	Entre sí habla. 2380 El diablo me parece que se endiabla.
TEUCA: [*aparte*]	¿Yo instrumento de hacer dos amistades? ¿Yo unir dos tan discordes voluntades? Mas sí, que ya vendrán iras atroces.

(*Sale* TAMAR)

TAMAR:	¿Quién aquí da tan temerosas voces? 2385 Mas, ¿no lo es Jonadab?
JONADAB:	Fuílo algún día; mas ya no soy, señora, quien solía.
TAMAR:	¿Tú no fuiste el tercero de aquella afrenta que vengar espero, como ya en mi enemigo, 2390 hoy en toda Israël, siendo testigo la gran Jerusalén de mis hazañas?
JONADAB:	Yo fui un criado, no de [malas] mañas, pero ya un santo soy.
TAMAR:	¿De dónde vienes por aquí? ¿Qué das voces? Dí, ¿qué tienes? 2395
JONADAB:	Yo aquese negro día, con esta negra compañera mía, aqueste negro monte atravesaba. Cuál fue el negro camino que llevaba, ella te lo dirá.

TAMAR: Aquese criado,   2400
(*aparte*)   pues vino a mi poder ...

JONADAB: ¡Ah, desdichado!
[*aparte*]

TAMAR: prendedle. ¡Ah, Teuca!

TEUCA: ¡Tamar bella y divina!

TAMAR: ¿De dónde por aquí tu pie camina?

TEUCA: De hablar vengo a David en su consejo.
Hechas las paces del y Absalón dejo.   2405

TAMAR: Mucho gusto me has dado
en decir que quedó reconciliado
mi hermano con el Rey, porque no dudo
que esta fingida paz disponer pudo
sus intentos mejor que mis intentos;   2410
que han de ser escarmientos,
según nuestra esperanza,
de su hermosa ambición y mi venganza.
Sus órdenes espero
en el Hebrón, ceñido el blanco acero,   2415
la gente de Gesur capitaneando,
con las tribus que ya se van juntando;
aunque la fama diga
que mi pasada ofensa a esto me obliga.
Y pues ya ese criado   2420
a saber mis designios ha llegado,
porque no pueda dar ningunas señas,
de lo alto le arrojad de aquellas peñas:
atalde atrás las manos.

JONADAB: ¡Suerte dura!

DENTRO: Al valle.

DENTRO: Al monte.

DENTRO

SOLDADOS: A la espesura.   2425

TAMAR: Oid, esperad. ¿Qué [dividido] acento
en cuatro partes despedaza el viento?

JONADAB: Yo iré a saber lo que es.
TEUCA: Aquella cumbre
corona una confusa muchedumbre,
y aquel bosque guarnece   2430
otro escuadrón, y por allí parece
que el monte gente aborta,
y otra tropa el camino después corta.
TAMAR: Si gente aquesta fuera
de guerra, sordamente no viniera   2435
marchando. Pues así llegar previene
donde estoy, a prenderme, ¡ay de mí!, viene.
Pero mi vida venderé primero,
bien regateada a golpes del acero:
que no me dan temores gentes tantas.   2440

        (*Sale* AQUITOFEL *con una carta*)

AQUITOFEL: Todos alto aquí haced. Dame tus plantas.
TAMAR: ¡Aquitofel amigo!
AQUITOFEL: Humano girasol, los rayos sigo
del sol de tu hermosura.
Aquesta es de Absalón.
TAMAR: Lo que procura   2445
veré.
AQUITOFEL: La fitonisa, ¿no es aquélla?
(*aparte*) Ya me huelgo de vella,
por ver lo que aquel hado me apercibe.
TAMAR: Oye lo que Absalón aquí me escribe:
"Yo quedo previniendo   2450
gente infinita, que me va siguiendo:
la que al Hebrón llegare
hoy con Aquitofel, ni un punto pare
sino con toda ella
a la ciudad te acerca, Tamar bella.   2455
Ni trompeta se toque,
ni parche se oiga que a la lid provoque,
sino venga tan quedo,
que piensen que es su general el miedo.

Yo la estaré esperando   2460
en la campaña del Hebrón, y cuando
la descrubra y con salva la reciba,
embistan, repitiendo: ¡Absalón viva!,
porque así, con el súbito desmayo,
sin avisar el trueno, venga el rayo."   2465
Esto escribe mi hermano,
por quien honores tan crecidos gano,
y porque vea cuánto reverencio
sus órdenes, la mía sea el silencio.

TEUCA: Yo te quiero seguir.

TAMAR: Ese criado...   2470

JONADAB: Ya pensé que de mí se había olvidado.
[*aparte*]

TAMAR: sea el primero que muera.

TEUCA: Suplicarte quisiera
que por haber conmigo aquí venido...

JONADAB: Siempre fuiste color agradecido.   2475
[*aparte*]

TEUCA: no muera.

TAMAR: Norabuena; quede preso,
porque avisar no pueda del suceso;
y la gente, esparcida,
marche en pequeñas tropas dividida;
que si con ella a las murallas llego,   2480
Jerusalén verá que a sangre y fuego
sus almenas derribo,
sus torres postro, su palacio altivo
ruina sin polvo yace.
Póngase el sol caduco, pues que nace   2485
joven otro que da rayos más bellos
con el crespo esplendor de sus cabellos. [*Vase*]

JONADAB: Pues, ¿qué preso he de estar?

AQUITOFEL: Soltadle, yo quiero
sea mi prisionero.

JONADAB: Pues haz que este cordel, señor, me quiten,   2490
y ya sañudos contra mí se irriten.

AQUITOFEL: Sí haré, y allí me espera.

JONADAB: ¡El diablo que esperara y no se fuera,
ya que el cordel me quita!

AQUITOFEL: Escucha.

TEUCA: Dí, ¿qué solicita tu voz?   2495

AQUITOFEL: Saber quisiera
qué quisiste decirme. ¡Oh pena fiera!,
la voz que horrible pronunció tu acento,
¿que el aire había de ser mi monumento?

TEUCA: No lo sé, porque agora   2500
no me dicta el espíritu que mora
en mi pecho; mas viendo
ese lazo en tus manos compeliendo
como entre pardas sombras de un sueño,
que ese cordel anda a buscar su dueño.   2505

AQUITOFEL: Pues si su dueño busca,
ya le halló: ni me admira, ni me ofusca,
porque así ser espero,
coronado Absalón, el juez primero.
¡Que contra la malicia!,   2510
que tiene en mí su dueño; pues justicia
ha de hacer, teman todos su castigo,
que va el ministro de rigor conmigo.   (*Vanse*)

(*Sale* ABSALÓN *y* ENSAY)

ABSALÓN: A esta sala os he traído,
por estar más sola, donde   2515
mi amistad, que corresponde
a lo bien que habéis servido,
    premiaros quiere. Yo sé
que de mi padre quejoso
estáis, y yo, cuidadoso,   2520
por veros viejo, de que
    ningún vasallo se queje,

        pretendo satisfacer
        a todos; y así, he de hacer
        que la razón vuestra deje   2525
            en mis manos el reparo
        de tan justo sentimiento;
        y así premiaros intento.

ENSAY: Eres príncipe y amparo
            deste pobre humilde viejo.   2530

ABSALÓN: Si él cuando no os satisfizo,
        de su Consejo no os hizo,
        yo os hago de mi consejo.

ENSAY: Eso no entiendo; pues vos,
        ¿qué tribunales tenéis?   2535
        ¿De qué ministro me hacéis?

ABSALÓN: Solos estamos los dos;
           y así más claro hablar quiero.
        Todo el tiempo lo mejora:
        aunque no los tengo ahora,   2540
        presto tenerlos espero.

ENSAY: Vivo el Rey, no será ley
        que yo ese cargo reciba.

ABSALÓN: Si el daño está en que el Rey viva,
        presto no vivirá el Rey.   2545

ENSAY: Su larga edad, yo confieso
        que a los umbrales está
        de la muerte; pero, ¿ya
        sabéis que os nombre?

ABSALÓN: Por eso
           me quiero nombrar yo a mí,   2550
        que nieto de reyes soy;
        y pues declarado estoy
        con vos, advertid que aquí
           ya tengo echada la suerte.
        Palabra me habéis de dar   2555
        de mi persona ayudar,
        o yo os he de dar la muerte.

ENSAY:	¿Quién en más dudas se vio?
(*aparte*)	¿Qué puedo hacer? ¡Ay de mí!
	Traidor soy si digo sí; 2560
	muerto soy si digo no.
	Mas ¿qué dudo? ¿Cuándo es
	más grave dolor, más fuerte,
	una infamia que una muerte?
	Mas ¡ay, triste!, que después 2565
	de muerto yo, no podrá
	David saber lo que ignora;
	y así conceder ahora
	conviene con él.

ABSALÓN:	¿Qué está
	tu imaginación dudando? 2570

ENSAY:	Cosas que tan grandes son,
	siempre la imaginación
	las escucha vacilando:
	no porque dude, señor,
	cuál ha de ser mi respuesta. 2575

ABSALÓN:	Pues dí cuál ha de ser.

ENSAY:	Esta:
	que hacienda, vida y honor
	siempre a tus plantas pondré,
	y me huelgo de que haya
	ocasión en que yo vaya 2580
	vengado del Rey, porque
	tan mal premia mis servicios.
	Tuyo he sido, y tuyo soy,
	por ti vivo desde hoy.

ABSALÓN:	De tu valor son indicios 2585
	todos aquéllos; y así,
	vete a casa, y ten armados
	tu persona y tus criados,
	y en el instante que aquí
	se diga: "¡Viva Absalón!", 2590

que ésta es la seña, saldrás,
y la parte seguirás
que me aclame.

(*Sale* SALOMÓN)

ENSAY: Salomón
    viene allí.
ABSALÓN: No entienda nada.
    Retirémonos los dos.   2595
ENSAY: Avisaré, vive Dios,
  (*aparte*) al rey.
ABSALÓN: Vete a tu posada;
    que yo salgo a prevenir
    la gente que presto espero
    de Hebrón, y regirla quiero.   2600
    Valor, reinar o morir.   (*Vanse los dos*)
SALOMÓN: Las amistades que ha hecho
    mi padre con Absalón,
    aunque para mí no son
    de enojo, turban mi pecho,   2605
        temiendo que estorbar trate
    la feliz elección mía,
    y ya que no aqueste día
    la deshaga, la dilate:
        y así, a mi padre hablar quiero   2610
    de parte de Bersabé,
    en mi pretensión, porque
    de la dilación infiero
        peligro; y durmiendo ya,
    no es justo que le despierte.   2615

(*Corre una cortina, descúbrese durmiendo* DAVID, *en un bufete está una corona de oro*)

DAVID: Hijo, no me des la muerte.
SALOMÓN: Su notable inquietud da
        indicio de algún cansado
    sueño: despertarle es bien,

	no sus sentidos estén	2620
	en letargo tan pesado.	
	¡Señor!	

DAVID: ¡Qué extraño rigor!
Hijo, ¿tú mi ruina tratas?
¿Tú me ofendes? ¿Tú me matas?   (*Despierta*)

SALOMÓN: Yo te despierto, señor,   2625
   porque tu quietud pretendo
al verte inquieto; mas no
porque imagines que yo
ni te mato ni te ofendo.

DAVID: ¡Ay hijo del alma mía!   2630
¡Qué triste, funesto sueño
me puso en mortal empeño
este instante que dormía!
   Pero ya con estos lazos,
todo el sobresalto acaba: 2635
dormido, uno me mataba;
despierto, otro me da abrazos.
   Y así, a Dios dar gracias quiero,
pues piadoso ha permitido
que el pesar es el fingido   2640
y contento el verdadero.

SALOMÓN: Pues, ¿qué soñabas?

DAVID: No sé;
delirios y fantasías,
sombras de mis largos días.

SALOMÓN: Cuéntamelo a mí.

DAVID: Sí haré: 2645
   gusto contarlo reciba,
pues no es. Que gente entraba
por Jerusalén soñaba,
repitiendo . . .

     (*Arma dentro y dicen todos*)

DENTRO: ¡Absalón viva!

DAVID: ¡Ay de mí! ¿Qué es lo que he oído?   2650

SALOMÓN: Escándalo es de horror fiero.
DAVID: Ya el pesar es verdadero,
y el contento es el fingido.

(*Sale* ENSAY *con la espada desnuda*)

ENSAY: David, infelice Rey
de Israel, aunque agora llegue   2655
mi voz a avisarte tarde
de los peligros que tienes,
sabrás que Absalón, juntando
grande número de gentes,
ha entrado por la ciudad,   2660
publicando a voces leves
todos que ...
DENTRO: ¡Viva Absalón!
ENSAY: Con él Aquitofel viene:
mira a quién premias allí,
y mira aquí a quién ofendes,   2665
pues él tu muerte apresura,
y yo defiendo tu muerte.
No pude avisarte antes;
mas para que tengas siempre
avisos de sus designios   2670
en cuanto te sucediere,
voy a ser traidor leal.
Los que en su bando me vieren,
sepan que aunque esté con él,
tú de tu parte me tienes.   (*Vase*)   2675
DAVID: Escucha, Ensay, aguarda.

(*Sale* ADONÍAS *y* SEMEY)

ADONÍAS: Señor, un punto no esperes,
que es un volcán la ciudad,
que humo exhala, llamas vierte.
SEMEY: Escollo es del mar Bermejo   2680
ya todo el muro eminente,
pues sobre sangre fundado,
golfo de carmín parece.

DAVID: Pues, ¿qué espero? Yo el primero
            saldré de donde ...

            (*Sale* JOAB)

JOAB: Aguarda, tente,   2685
            señor, no salgas, porque
            ya conoces que la plebe
            monstruo es desbocado: no hay
            prevenciones que la enfrenen
            cuando su mismo furor   2690
            la obliga a que se despeñe.
            La novedad al principio
            la alimenta, y fácilmente
            dejándose llevar della,
            de instantes a instantes crece.   2695
            Déjala, pues, que en sí misma
            este primer golpe quiebre,
            hasta que, rendida ya,
            caiga en los inconvenientes.
            Huye a la primera instancia   2700
            el rostro, señor: advierte
            que, como desprevenida
            de tan súbito accidente
            la ciudad estaba, toda
            a un crujido se estremece.   2705
            Los traidores y leales,
            mezclados confusamente,
            no se distinguen, porque,
            neutrales y indiferentes,
            los más están a la mira;   2710
            que en comunidades, siempre
            el traidor es el vencido
            y el leal es el que vence.

DAVID: ¿Qué riesgo hay como esperar
            sin resistencia a la muerte?   2715

JOAB: Nosotros defenderemos
               todas estas puertas: vete
               por esa, que sale al monte.

SALOMÓN: A precio de nuestras muertes,
               defenderemos tu vida.   2720

DAVID: ¡Ay hijo! ¡Qué mal pretende
               vuestro valor que yo solo
               me escape, y a todos deje!
               O huyamos todos, o todos
               muramos.

JOAB: Si eso resuelves,   2725
               menos importa el huir
               que aventurar solamente
               tu vida. Esto no es temor;
               que como tú vivo quedes,
               con tu valor y tu vida   2730
               todo harás que se remedie.

DAVID: Pues venid conmigo todos.
               ¿Quién creerá que desta suerte
               huyendo sale David
               de su alcázar eminente?   2735
               ¡Ay mi Absalón, y qué mal
               me pagas lo que me debes!

               (*Vanse, tocan al arma, sale* JONADAB)

UNOS: ¡Viva David!
[*dentro*]

JONADAB: ¡David viva!

OTROS: ¡Viva Absalón!
[*dentro*]

JONADAB: Viva y reine,
               que yo no pienso matarme   2740
               porque viva aquél ni éste.
               Soldado sin ejercicio
               he de ser, como otras veces;

que esta es espada capona,
que sólo el título tiene   2745
y no la entrada en las lides,
pues no hay puerta que abra o cierre.

(Sale ABSALÓN*)*

ABSALÓN: Entrad, y no quede vivo
quien a voces no dijere:
¡Viva Absalón!

JONADAB: ¡Absalón   2750
viva!, que por mí no quede.

(Salen todos)

AQUITOFEL: Ya rendida la ciudad,
señor, a tu nombre tienes,
y aun la campaña, pues queda
Tamar allá con las huestes.   2755

ABSALÓN: Guarnézcanse las murallas
todas luego de mis gentes,
mientras el palacio allano.

AQUITOFEL: El cuarto del Rey es éste.

ABSALÓN: No escape de muerto o preso.   2760

ENSAY: Tarde ese triunfo previenes,
que al monte huyendo ha salido.

ABSALÓN: ¡Descuido fue que no hubiesen
las puertas tomado!

DENTRO: ¡Viva
David!

ABSALÓN: ¿Qué es eso?

AQUITOFEL: La gente,   2765
que, en seguimiento del Rey,
salir al monte pretende.

ENSAY: Sola dejan la ciudad:
niños, viejos y mujeres
se van saliendo a los montes.   2770

ABSALÓN: ¿Cómo haremos que esto cese?,
     que los reyes sin vasalios
     no pueden llamarse reyes.

AQUITOFEL: Señor, como entre hijo y padre
     estos escándalos siempre   2775
     paran en paces, y al fin
     el odio en amor se vuelve,
     muchos hoy no se declaran
     de tu parte, porque temen
     que tú quedes perdonado,   2780
     y ellos por traidores queden;
     y así, para assegurallos
     más, pareciera que hicieses
     una demostración tal,
     que no fuere eternamente   2785
     posible volver a ser
     amigos; vieras que en breve
     todos tu nombre aclamaban.

ABSALÓN: ¿Qué acción esa fuera?

AQUITOFEL: Advierte . . .

ENSAY: De Aquitofel el consejo   2790
(*aparte a* no admitas, que te despeñe.
ABSALÓN)

AQUITOFEL: Sobre injurias, sobre agravios,
     sobre afrentas, sobre muertes,
     sobre engaños y traiciones,
     caer las amistades suelen.   2795
     Una cosa sola hay
     sobre que caer no pueden;
     pues nunca caen amistades
     sobre celos solamente
     porque ni es noble ni honrado, 2800
     ni entendido ni valiente
     el hombre que a la amistad
     de quien le dio celos vuelve;
     y más celos del honor,
     que e sduelo que el alma ofende. 2805

Pues, siendo así, en ese cuarto
están todas las mujeres
concubinas de tu padre . . .

ABSALÓN: No prosigas, cesa, tente.
Ya te he entendido: eso baste,   2810
que hay cosas que no parecen
tan mal hechas, como dichas.
En él mis soldados entren,
démosles satisfacción.
¡Al mundo que para siempre   2815
se resuene! ¡Amigos, entrad todos! (*Vase*)

JONADAB: Ea, mondongo me fecit. [*Vase*]

ENSAY: ¿Qué hombre, o qué fiera o qué monstruo
que obrase irracionalmente,
tan torpe consejo diera?   2820

AQUITOFEL: ¿No sabes cuán pocas veces
la dura razón de Estado
con la religión conviene?
Aquesto a la duración
desta enemistad compete.   2825

ENSAY: Más compete a la malicia
de tus intentos aleves.

AQUITOFEL: Mis intentos son leales,
pues asegurar pretenden
la corona en rey que sea   2830
justiciero eternamente.

ENSAY: Sí, mas con tales insultos . . .

AQUITOFEL: Sospechas, Ensay, ofreces
de que estás con Absalón
neutral.

ENSAY: De esto antes se infiere   2835
que le quiere para rey
el que perfecto le quiere.

AQUITOFEL: ¿Puede no ser tiranía
todo esto?

ENSAY: No, pero puede,
siendo tirano y piadoso,   2840
no ser tirano dos veces.

(*Ruido grande, dentro* ABSALÓN)

ABSALÓN: Ya las puertas derribadas
están: los soldados entren,
y por las calles y plazas
a la vergüenza las lleven.   2845
ENSAY: ¡Oh, mal hayan tus consejos!
AQUITOFEL: Agradece a Dios que vuelve
que yo te diera a entender
con cuánto riesgo me ofendes.

(*Sale* ABSALÓN)

ABSALÓN: ¿Qué es esto? ¿Qué dáis voces?   2850
AQUITOFEL: Ensay, señor, que quiere
enmendar acciones tuyas.
ENSAY: Así es, que como me tienes
hecho consejero tuyo,
a mí sólo pertenece.   2855
ABSALÓN: Pues, ¿qué decías?
ENSAY: Señor,
pues entras a reinar, que entres
ganando al principio afectos
de piadoso y de clemente;
que una monarquía fundada   2860
en rigor, no permance,
pues el mismo que la hace,
fortalecerla quiere.
ABSALÓN: Dices bien, pero ya es tarde.
Mas si esa acción se pierde,   2865
decidme los dos, dejando
competencias, ¿qué os parece
que debo hacer ahora? Ya
Jerusalén obediente
está a mis armas; mi padre,   2870

huido, penetra y trasciende
las entrañas de los montes:
¿será bien que hoy aquí quede
la ciudad asegurando,
o será mejor que intente   2875
irle siguiendo el alcance?

AQUITOFEL: Lo que aconsejarte debe
mi lealtad, es que le sigas,
le prendas y le des muerte;
y porque a todo se acuda   2880
a un tiempo igualmente,
quédate tú en la ciudad;
que yo con algunas gentes
le seguiré.

ENSAY: ¡Oh si pudiera
(*aparte*) dar yo lugar a que huyese!   2885
[*alto*] Señor, las buenas fortunas
aventurarse no deben,
y conservar lo ganado
es la batalla más fuerte.
Ya la gran Jerusalén   2890
hoy supeditada tienes:
si sacas la gente della,
habrá dos inconvenientes:
uno, que al mirar que hay menos
que la guarden, que la cerquen;   2895
los neutrales podrá ser
que a alguna facción se alienten
otro, que si por ventura
el que hoy a David siguiere,
en lo [intrincado] del monte   2900
un solo soldado pierde,
desmayarán los demás,
si ven que al principio vuelve
con la pérdida menor
sólo un paso atrás; de suerte   2905
no cabe todo en un día,

basta una victoria en éste;
mañana podrás seguirle.

ABSALÓN: Tú aconsejas cuerdamente;
no sólo mi consejero   2910
eres, Ensay, mas ya eres
juez de Israel.

AQUITOFEL: ¿Ese cargo
ofrecido no me tienes?

ABSALÓN: ¡Oh, qué presto, Aquitofel,
ejecutarme pretendes,   2915
por lo que has hecho por mí!
¡Cuánto un acrëedor eres!

AQUITOFEL: Acrëedores conozco
que quitan y ponen reyes.
Podrán . . .

ABSALÓN: Mañana hacer otro: 2920
¡Esto es lo que decir quieres!
Vente conmigo, Ensay;
y tú, Aquitofel, advierte
que valerse de un traidor
no es bueno para dos veces. (*Vanse*)   2925

AQUITOFEL: ¿Que esto escuche yo de quien
esperé tantas mercedes?
¿Baldones son recompensas?
¡Qué rigurosa, qué fuerte
la víbora de la envidia   2930
en el corazón me muerde!
Sin vida estoy, sin aliento:
que se me eclipsa parece
el sol, la tierra me huye,
y el mismo viento me ofende.   2935
El corazón a pedazos
salirse del pecho quiere,
o lo hace porque ya,
al ir a favorecerle,
este áspid que en el seno   2940
abrigué (¡ay de mí!) me muerde;

no en vano me dijo Teuca
que andaban estos cordeles
buscando su dueño en mí.
Ministro soy de mi muerte;   2945
que pues ya no hay que esperar
de Absalón, que me aborrece,
ni de David, que aborrezco,
mejor es que desespere.
Deme monumento el aire,   2950
y la tierra me le niegue;
que quien pendiente de un hombre
en vida estar quiso, en muerte
será justo que un cordel
le deje al aire pendiente.   (*Vase*)   2955
(*Sale* ADONÍAS, JOAB, SALOMÓN, DAVID)

SALOMÓN: Esto es, señor, del monte lo más fuerte.
ADONÍAS: Esto es lo más secreto y escondido.
JOAB: Aquí de los amagos de la muerte,
si no seguro, espera defendido.
DAVID: ¿Quién creerá, ¡ay infeliz!, que desta suerte   2960
a pie, cansado, solo y perseguido
David camina, de Absalón huyendo?
Salid sin duelo, lágrimas, corriendo.
ADONÍAS: De la ciudad mil gentes han salido
siguiéndote, señor.
SALOMÓN: Por todo el monte   2965
el número está en tropas dividido.
JOAB: Aquí a esperar y a descansar disponte,
en tanto que nosotros, discurriendo
con nuestra diligencia el horizonte,
los vamos en escuadras recogiendo.   2970
DAVID: Salid sin duelo, lágrimas, corriendo.
Id, pues, a reducillos y traellos,
no porque asegurarme yo pretenda,
mas porque se aseguren mejor ellos
unidos, y el rigor no los ofenda.   2975
JOAB: Yo a reducillos voy y recogellos.

ADONÍAS: Todos iremos.

SALOMÓN: Cada cual su senda
elija, y vaya el monte discurriendo.   (*Vanse*)

DAVID: Salid sin duelo, lágrimas, corriendo.
¡Ay Absalón, hijo querido mío,   2980
cómo procedes mal aconsejado!
No lloro padecer tu error impío,
mas lloro que no seas castigado
de Dios; a El estas lágrimas envío
en nombre tuyo, porque perdonado   2985
quedes de la ambición que a esto te indujo.

(*Sale* SEMEY)

SEMEY: ¡Mal haya quien a padecer nos trujo!

(*aparte*)   Mas, ¡ay de mí, que él solo retirado
está! Mas, ¿si habrá mi voz acaso oído?

DAVID: Sí, pero no te dé, Semey, cuidado.   2990
El dolor te disculpa, que has tenido.
Tienes razón; pero maldice al hado,
no a mí, pues que la culpa yo no he sido,
sino el hado.

SEMEY: ¡Conmigo y con él medras!
Será que contra ti me arme de piedras.   2995

DAVID: Tira, pague la pena merecida,
pues apedrearme es justo mis vasallos.

SEMEY: Contento no estaré si con tu vida
vengado de mis manos no me hallo.

(*Sale* ENSAY)

ENSAY: ¿Qué haces, sacrílego homicida?   3000
¿Piedras contra tu Rey? Ya castigallo
me toca, pues llegué . . .

DAVID: No lo pretendas,
y pues yo le perdono, no le ofendas.   (*Vase* SEMEY)
¡Ah Semey!, no de mi vista huyas,
que palabra te doy de no vengarme   3005
en mi vida de ti y las iras tuyas.

Ministro eres de Dios, que el castigarme
envía, y pues que son justicias suyas,
en mi vida de ti no he de quejarme.
Dime tú ahora, amigo, qué ha pasado. 3010

ENSAY: Que ya en Jerusalén se ha coronado
Absalón.

DAVID: ¡Ojalá del mundo fuera
Jerusalén metrópoli eminente,
porque de todo el mundo señor fuera
mi Absalón, coronado la alta frente! 3015

ENSAY: Tan tarde ser amigo tuyo espera,
que al culto de tu honor más reverente
se atrevió, pues violando . . .

DAVID: No prosigas,
y si es lo que imagino, no lo digas:
no lo quiero saber, porque no quiero 3020
que el dolor a decir ¡ay Dios! me obligue
alguna maldición, pues aún espero
que el cielo le perdone, y no castigue.

ENSAY: Consejo fue de Aquitofel el fiero;
mas ya desesperado . . .

DAVID: ¡Ay Dios!, mitigue, 3025
señor, vuestra justicia su castigo.

ENSAY: Se mató a sí tu bárbaro enemigo,
y Absalón la batalla hoy te previene,
que por mí desde ayer fue dilatada:
contra ti, gran señor, al monte viene 3030
la hueste suya de furor armada;
ya quedarme contigo me conviene,
mi vida a tu defensa dedicada.

(*Tocan cajas, sale* JOAB, ADONÍAS *y* SALOMÓN)

JOAB: Ya la gente está dispuesta en esos haces.

DAVID: Muy bien, Joab, en disponello haces; 3035
que ya Absalón a darnos la batalla
viene el primero, yo moriré en ella.

JOAB:	No, señor: tu persona, si se halla	
	aquí, todo se pierde con perdella.	
SALOMÓN:	No es seguro, señor, aventuralla:	3040
	los dos bastamos para defendella.	
DAVID:	Si yo he de librar los dos tampoco	
	que otra pena mayor si os dejo toco;	
	pues si de todas partes considero	
	mis hijos en la lid, es cosa clara	3045
	que buen suceso para mí no espero,	
	pues el brazo que tira, el que repara,	
	uno es mismo; y así, con un acero	
	vendré a morir en confusión tan rara	
	si cualquier golpe contra mí se ofrece,	3050
	siendo persona que hace y que padece.	
JOAB:	Dices muy bien: retírense contigo	
	Salomón y Adonías.	
SALOMÓN:	Como intentas	
	que faltemos ...	
DAVID:	Haced lo que yo os digo.	
ADONÍAS:	Nuestro valor, nuestra opinión afrentas.	3055
DAVID:	Pues que el campo divides, Joab amigo,	
	en tres trozos, y así esperar intentas,	
	tú el uno avisa. Ensay, los otros	
	regid.	

(Toca un clarín)

JOAB:	Ya el clarín suena.	
DAVID:	Pues nosotros	
	nos retiremos. Sal a recibillos.	3060
	Hijos, venid.	
SALOMÓN:	¡Que así ensuciarnos quieras!	
DAVID:	La batalla darán nuestros caudillos.	
ADONÍAS:	¡Qué injusta prevención, Joab, esperas!	

(Tocan cajas, y clarines)

Ya bélicos acentos, para oíllos
se acercan, ya se miran las banderas.   3065

DAVID: ¡Joab!

JOAB: ¿A qué vuelves?

DAVID: Pues mi honor te fío,
              advierte que Absalón es hijo mío:
                 guárdame su persona; no el despecho
              de la gente matármele pretenda,
              que es todo el corazón de aqueste pecho,   3070
              destos ojos la más amada prenda.
              Mírame tú por él, porque sospecho
              que moriré si hay alguien que le ofenda.

JOAB: Mira que de la lid ya empieza el brío.

DAVID: Mira tú que Absalón es hijo mío.   3075

(*Vase el uno por una parte, y el otro por otra, descúbrese* ABSALÓN
en la batalla)

ABSALÓN: Fugitivos isräelitas,
              que en los bárbaros desiertos
              de los montes, amparáis
              una vida que aborrezco,
              salid, salid a lo llano,   3080
              que la batalla os presento,
              porque vasallos dos veces
              seáis de mi sangre y esfuerzo.
              Decid a David, mi padre,
              (que no he de dejar de [hacerlo],   3085
              siguiéndole, por hacer
              más grande mi atrevimiento)
              que si se acuerda de cuando
              joven era, y en su pecho
              duran algunas reliquias   3090
              de aquel pasado ardimiento,
              que no se esconda de mí,
              que en la campaña le espero
              por afrentar con su muerte
              la corona y el imperio.   3095

Decid que traiga a sus hijos
consigo, porque en muriendo
él a mis manos, acabe
de una vez con todos ellos.
¡Al arma, soldados míos!   3100
Y a los trabados encuentros,
gima la tierra oprimida,
brame fatigado el viento.

     (*Acuchíllanse algunos*)

DENTRO: ¡Guerra, guerra! ¡Absalón viva!

OTROS: ¡Viva David!, que es Rey nuestro.   3105

ABSALÓN: ¡Qué miro! Allí un escuadrón
que el monte tenía encubierto,
de través salió, y hace
notable daño en los nuestros.
Acudid a socorrerle.   3110
Oh tú, de tierra y de viento
bruto veloz, que has nacido
monstruo de dos elementos,
corre y vuela; que los tuyos
perecen, a socorrellos.   3115
Mas, ¡ay de mí!, desbocado,
sin obedecer al freno,
por la espesura se entra
de las encinas, que en medio
se me ponen (¡ay de mí!).   3120
¿Qué es esto, cielos, qué es esto?
¡Que en las copadas encinas
se me enredan los cabellos!

   (*Da vuelta el caballo, tocan al arma, salen* ENSAY, JOAB *y soldados, con lanzas*)

DENTRO
  UNOS: ¡Guerra, guerra! ¡Absalón viva!

OTROS: ¡Viva David!, que es Rey nuestro.   3125

ENSAY: No sigas, Joab, el alcance,
sin que te pare el portento
que estuvo en aqueste monte.

JOAB: ¿Qué has visto?

ENSAY: A Absalón pendiendo
de sus cabellos asido,   3130
teniendo por patria el viento.

JOAB: Pues si le viste, ¿por qué
no le atravesaste el pecho
con una lanza? Tuvieras
de mí innumerables premios.   3135

ENSAY: Por todo el oro del mundo
no le tocara en un pelo;
que es hijo de mi Rey, y él
nos mandó a todos lo mesmo.

JOAB: Menos una vida importa,   3140
aun de un príncipe heredero,
que la común quietud
de la restante del reino.
La justa razón de Estado
no se reduce a preceptos   3145
de amor: yo le he de matar.
Desvanecido mancebo,
muere, aunque el Rey me mandó
que no te tocase.   (*Tírale la lanza*)

(*Dentro* ABSALÓN)

ABSALÓN: ¡Ay cielo!

JOAB: Aún está vivo; dadme otra.   3150
De Isräel narciso bello,
muere en el aire.   (*Tírale otra*)

ABSALÓN: ¡Ay de mí!

JOAB: Aun con dos no estoy contento;
tres son las que contra ti
me manda blandir el cielo;   3155

por fratricida la una,
la otra por deshonesto,
y la otra por ser hijo
inobediente.

(*Descúbrese* ABSALÓN, *como pendiente de los cabellos, con tres lanzas atravesadas*)

ABSALÓN: Yo muero,
puesto, como el cielo quiso,   3160
en alto por los cabellos,
sin el cielo y sin la tierra,
entre la tierra y el cielo.

JOAB: Isräelitas, suspended
los repetidos acentos,   3165
y venid todos, venid
a ver tan rato portento.

(*Salen todos*)

ENSAY: ¡Qué espectáculo tan triste!

TEUCA: Cumplió su promesa el cielo.

SEMEY: Huyendo venía del Rey,   3170
y esto me para suspenso.

JONADAB: Bellotas se aquesta encina
no comeré, aunque soy puerco:
diréle el suceso al Rey,
como si él fuera muy bueno.   3175
¿Qué va, que aunque voy despacio,
con estas nuevas voy presto?   (*Vase*)

(*Sale* TAMAR)

TAMAR: Crueles hijos de Isräel,
¿qué estáis mirando suspensos?
Aunque merecido, tengan   3180
ese castigo los hechos
de Absalón, ¿a quién, a quién
ya no le enternece el verlo?

Cubrilde de hojas y ramos,
no os deleitéis en suceso   3185
de una tragedia tan triste,
de un castigo tan funesto;
que yo, por no ver jamás
ni aún los átomos del viento,
iré a sepultarme viva,   3190
en el más oscuro centro,
donde se ignore si vivo,
pues que se ignora si muero.   (*Vase*)

TEUCA: Y yo también desde hoy
en su ley seguirla quiero;   3195
que es grande Dios el que sabe
partir castigos y premios.   (*Vase*)

     (*Sale* DAVID, SALOMÓN *y* ADONÍAS)

DAVID: ¡Ay hijo mío, Absalón,
no fuera yo antes el muerto
que tú!

JOAB: Llorando David   3200
viene: de mirarle tiemblo.

SEMEY: Yo también, que cometí
contra él tan gran sacrilegio.

JOAB: Señor . . .

DAVID: Joab, nada me digas,
ya sé que el vencedor quedo . . .   3205
Toda la victoria diera
de una vida sola en precio . . .
Semey, ¿tú estabas aquí?

SEMEY: Yo, señor . . .
  (*de rodillas*)

DAVID: Alzalde del suelo,
no temas. Atrevido Joab,   3210
muchas vitorias te debo;
no te puedo ser ingrato,
mientras viva te lo ofrezco.

Tú maldiciones y piedras
contra mí animaste fiero;   3215
palabra de no vengarme
en mi vida, te di, es cierto,
y aunque tú arrojando lanzas,
y tú piedras esparciendo,
los dos me habéis ofendido,   3220
yo os perdono . . . no me vengo.
Salomón, lo que has de hacer
te dirá mi testamento . . .
Y agora, no alegres salvas,
roncos, sí, tristes acentos   3225
esta victoria publiquen,
a Jerusalén volviendo,
más que vencedor, vencido;
Dándole aquí monumento
Los cabellos de Absalón,   3230
perdonad sus muchos yerros.

F I N

NOTES

List of abbreviations used in footnotes to the text

Aut.: *Diccionario de la lengua castellana* (Real Academia Española, 1726-39). Known as *Diccionario de Autoridades*.

Covarrubias: COVARRUBIAS OROZCO, S. DE, *Tesoro de la lengua castellana* (Madrid, 1611).

Keniston: KENISTON, H., *The Syntax of Castilian Prose. The Sixteenth Century* (Chicago, 1937). N.B.: numbers refer to paragraphs.

Previous editions (see Introduction, section 4) are referred to as follows:

BM   British Museum *suelta*, undated, cat. no. C.108.bbb.20 (9).

BN   Biblioteca Nacional *suelta*, Toledo, 1677, cat. no. R.11781.

B   Boston Public Library *suelta*, undated, cat. no. D.173.2.v.I.

A   British Museum *suelta*, Amsterdam, 1726, catalogue no. 11725.cc.8.

VT   Vera Tassis, the British Museum edition of the *Octava Parte de Comedias de C.*, Madrid, 1684, catalogued 11725.f.5.

Tirso   *La venganza de Tamar*, ed. A. K. G. Paterson, Cambridge, 1969.

Jornada Primera

Calderón began several of his 'classical-type' plays with the return of the victorious hero to the accompaniment of martial music, the hero and his followers appearing through one of the *puertas* at the back of the stage in the public theatre, the welcoming party through the other door at the back. Cf. *La hija del aire* (1653) and *En la vida todo es verdad y todo mentira* (1659). Calderón seems to have been particularly fond of scenes that are almost operatic in their use of music and chorus-like acclamation.

1. *felicemente*: an alternative form of *felizmente*, often used in Golden Age poetry to allow an extra syllable.

4. *azote*: B, A *nombre*. The Moabites were an ancient people of Palestine, inhabiting an area east of the Jordan and the Dead Sea.

12. *Filistín*: the Philistine champion, Goliath, whom David felled with his sling before cutting off his head with his sword. See 1 Samuel xvii.

16. *Goliat*: here David himself, a second Goliath in his deeds.

22. An echo of the first line of Garcilaso's famous tenth sonnet: "¡Oh dulces prendas, por mi mal halladas...!". In Act III, 2963, there is an echo of Salicio's equally famous lament in Garcilaso's *Egloga Primera*. Calderón uses the lines beautifully to suggest firstly David's joy, then his final sorrow. The literary reminiscences evoke quite magically all the lyricism of Garcilaso's verse.

35. *Rabatá:* the capital of Ammon. See 2 Samuel xiii: "And David gathered all the people together, and went to Rabbah, and fought against it, and took it" (Authorized Version).

40. *púrpuras:* red rather than purple and used here as a metaphor for blood. Red dye was historically extracted from a type of shell fish, and was considered especially suitable for regal garments.

42-43. BM has:

> al gran Dios de Israel,
> luego al valiĕte Iacob General mio

The other texts: al gran Dios de Israel, luego al valiente Joab, general mio.

The first line must rhyme with *primeramente* in 41, while *Iacob* is also an error.

81. *avisos:* VT's reading. The other texts have *así los*. The sense is "although my good sense might find very good reason not to disclose any information of some misfortune...".

83. BN, B and A have *de otra razon ya toda el alma*.

84. VT has *te quiero retratar de aquesta calma*, BM, BN, B and A, *te quiere recatar de aquessa calma*. The sense of VT seems preferable.

87. The line is short. VT has *Amon tu hijo, señor, ha muchos dias*.

92. Missing in BM, BN, B and A.

94. BM corrupt: *ignorada la raya de la ventana*. VT has *ni ver la luz hermosa, y soberana*. I give the line in BN, B and A.

96. VT's reading, which makes good sense. The other texts have *que el natural su intento le apetece*.

100. *pensión:* the unpleasant consequences of not doing something which one should, in this case eating as Nature intends *(Aut.)*.

106. BM, BN, B, A *saber quando lo recto de Madisso*.

122. VT's line. BM *vno solo sin ella le atormenta*, BN, B, A *vno solo sin ella, ò ingrata, ò fiera*.

124. Missing in BM, BN, B and A. VT *los humanos, haziendo siempre estremos*. I retain part of VT's line, though the rhyme is incorrect.

127 +. VT' *Corriendo vna cortina, se descubre Amon sentado en vna silla, arrimada a vn bufete, y de la otra parte estarà Jonadab*.

130. *la mayor estrella* is the sun. Here either sunlight or an allusion to David himself, the sun being an image frequently applied to the King. His regal presence illuminates the room.

133. *divertido:* 'absorbed'.

138. *corto:* agreeing with *gusto* and synonymous in meaning with *poco*.

154-8.   David advocates stoic resistance to the blows of Fortune.
Cf. Garcilaso's *Elegía primera*, 187-9, in which he recommends fortitude
to the Duke of Alba on the death of his brother:

> Porque al fuerte varón no se consiente
> no resistir los casos de fortuna
> con firme rostro y corazón valiente.

175-6.   One of the many statements in Calderón's plays on the
freedom of the will and man's ability to control his own destiny.
Cf. *La vida es sueño*:

> porque el hado más esquivo,
> la inclinación más violenta,
> el planeta más impío,
> sólo el albedrío inclinan,
> no fuerzan el albedrío.   (I, 787-91.)

And *La hija del aire*:

> ... pues sé,
> aunque sé poco, que impío
> el Cielo no avasalló
> la elección de nuestro juicio.
> *(Primera parte*, I, 971-4.)

182.   Amón, like Hamlet, is melancholic. The Renaissance accepted
the view that in every man there are four humours: blood, choler,
phlegm and melancholy, the particular seat of melancholy being the
spleen. Melancholy was thus natural to all men and some were of a
predominantly melancholy nature, but it could also be unnaturally
created by an excess of passion and in this case was called *melancholy
adust*. There were many books and treatises on the subject, of which
Burton's *Anatomy of Melancholy* is probably the best-known example
in England, and in Spain Huarte de San Juan's *Examen de ingenios*.
Amón's melancholy derives from his excessive passion for Tamar
which overwhelms his reason. See O. H. Green, *Spain and the Western
Tradition*, Madison and Milwaukee, 1964, II, 147-50.

207-10.   A perfect example of Calderón's love of symmetry and
pattern in the verse of his plays. Cf. the opening sixteen lines of the
play, also 191-2.

222 +.   The stage-direction is VT's. The other texts simply have
Vanse at 222.

227.   *no hace mella:* "doesn't make much of an impression".

234.   *valido:* a word used in the Golden Age to signify a favourite.

242.   *saturnino y hipocondrio:* the planets were considered to have
an influence upon the individual, the person influenced by Saturn
being therefore 'saturnine' or 'melancholic'. Hypochondria was synonymous with melancholy, stemming, as *Autoridades* describes, from
los hypocondrios which are the "partes lateráles, puestas debaxo de las
costillas sobre el hígado y bazo, llamados assi en Griego, porque están
debaxo de las ternillas". Here too we have an example of *y* before *hi*
or *i* rather than the modern *e*.

270.   *despojos:* a curious usage of the word. Here it must have the meaning of 'sustenance' rather than 'spoils'.

287 +.   VT *Dentro ruido.*

320.   Perhaps a reference to the curiosity of the young men about town of the Golden Age in any young and beautiful woman. Don Juan has come to epitomize it, but the literature of the time is full of similar types attracted by the prospect of a new conquest and loitering in doorways or outside windows and balconies in the hope of achieving their aim.

331.   BM, BN, B have Tamar's entrance here, VT at 330 and A at 331 +.

341.   *cualquiera compañía:* cf. modern apocopation. Keniston observes, 25.236, that examples of the full form were slightly more frequent with a feminine singular noun.

354-5.   The meaning is either "to exchange my tears for your sorrows", i.e. to assuage them, or *feriar* is being used in its less common meaning of *suspender* (see *Aut.*), i.e. her tears will still his lamentations.

364.   *el pesar de mi pesar:* a play on words, 'the weight of my anguish'.

372.   *tanto se acrisola:* 'is so pure', i.e. 'pure' as used of refined metals. His affliction is as unique, unusual and rare as a perfect or purified metal.

378.   *quimera:* 'strange fancy'. In Greek mythology the chimera was a fire-breathing monster, part lion, part goat, part serpent, which was killed by Bellerophon.

385.   Missing in BM, BN, B and A.

389.   *en la de oir:* a good example of BM's priority. This phrase echoes the earlier *en la parte del poder/saberla* and is merely an elliptical form of it. BN, B and A have *la he de oir,* VT *y la he de oir.*

397.   *tengo de:* a common alternative to *tener que.*

428.   *sentimiento:* here equivalent to *pena grave (Aut.).* B, A, and VT have *sufrimiento.*

441-50.   Lope had stated in the *Arte nuevo* that *décimas* were good for *quejas,* or complaints, whether in monologue or dialogue form. Calderón often used it where the exchanges between two people are highly charged and emotional. This is a good example both of this and of his use of symmetrical phrases, used to heighten the tension. One of the best sustained examples of this technique, though in *romance,* occurs in Part I of *La hija del aire,* 2566-2704, where four characters are involved in a scene of confused motivations and mistaken identity.

454-60.   Another fine example of symmetry and pattern. In 460 *adoro* is VT's reading. All the other texts have *vi,* which is the wrong rhyme.

474.   *la primer parte:* for apocopation of *primero* before feminine nouns see Keniston 25.241.

488.   *la tema:* the feminine form existed too in the Golden Age.

515.   *la fiera:* BM, BN, B and A have *las sienes.*

544.   *a que era:* BM, BN, B and A have *a querer.*

552.   *de efecto:* BM, BN, B and A have *defecto.*

569-70. *que al fin vele lo mismo [bien] | el que mira que el que juega:* BM has *que al fin vele, la misma quien | el que mira que el que juega.* BN, B, A and VT have *que al fin ve lo mismo quien | mira jugar, que el que juega.* I accept BM's reading with a little alteration of the first of the two lines. It is doubtful that Calderón would have ended two consecutive lines with *quien.* In *vele* we have an example of the use of *le* referring to a masculine singular noun other than a person. See also 353.

581. Both Tamar and Absalom had the same mother, Maacah, the daughter of King Talmai. See 2 Samuel iii. Amnon was their half-brother: "And unto David were sons born in Hebron: and his firstborn was Amnon, of Ahinoam the Jezreelitess; and his second, Chileab, of Abigail the wife of Nabal the Carmelite; and the third, Absalom the son of Maacah the daughter of Talmai king of Geshur."

615. Amón draws a distinction between sadness, which is caused by some misfortune, and melancholy, which is natural to all men and not caused by some external event. His melancholy, however, is in fact caused by his passion for Tamar and is what was called *melancholy adust,* to be distinguished from natural melancholy.

633-4. It was thought that the four humours were engendered of food and drink. Thus, if the melancholy humour predominates, the food consumed by the melancholy man merely feeds his melancholy. For an extremely interesting and erudite account of this subject see Lily B. Campbell, *Shakespeare's Tragic Heroes* (Cambridge, 1930).

643-4. VT's reading. BM has *yo que ama, y aun de todo | restaua el gene, diziendo,* BN *yo que ama, y aun de todo | restaua el gano, diziendo,* B and A *yo que amo, y aun de todo | restaba el gano, diziendo.* Here we have an example of a corrupt reading in BM which BN, B and A corrupt further, BN in one instance — *gano,* B and A in two — *amo* and *gano.* The BM, BN, B and A chronological order of texts is suggested.

669. *trinchando:* BM's reading. The other texts have *tronchando,* which means 'to snap' but is usually applied to the stalks of flowers and suchlike. *Trinchar,* meaning much the same, is applied specifically to food and its preparation.

686 +. The stage-direction in the different texts varies here. BM fails to indicate David's entrance. B and A are identical and correct. VT arbitrarily changes *trompetas* to *vn clarin.* BN has the exit of *Amón* and *Jonadab* at 686.

690. The echo presumably distorts the sound so that the *voces* are *mal respondidas.*

693. *Ofir:* an ancient city famous for exporting gold and silver, marble and precious stones, possibly situated in southern Arabia.

698 +. *Teuca:* only VT has *Teuca.* The other texts have either *Teuia* or *Tevia,* and there are inconsistencies elsewhere. In 2 Samuel xiv we are told that "Joab sent to Tekoah, and fetched thence a wise woman...". *Teuca* is thus correct.

704. *Hirán:* VT's reading. BM Inan, BN and B Iuan, A Juan. Hiram was the King of Tyre who eventually assisted Solomon in building the Temple, see 739.

706. The ships are described as *monstruos de dos elementos* because they are made of wood and therefore are associated with the element earth but they travel through a different element, water. Earth, air, fire and water were, of course, the four elements of which the world and everything in it were thought to be composed.

709. The cedar was renowned for its lasting qualities. "Las caxas y cofres hechas de su madera, conservan la ropa, que no se come de polilla, ni ella siente en sí carcoma... y por esso le dan renombre de incorruptible..." (Covarrubias).

710. A reference to the building of the Temple for the Ark of the Covenant.

729. Missing in BM, BN, B and A.

739. The Temple was built by Solomon. See 1 Kings v: "And Solomon sent to Hiram, saying, Thou knowest how that David my father could not build an house unto the name of the Lord his God for the wars which were about him on every side... the Lord spake unto David my father, saying, Thy son, whom I will set upon thy throne in thy room, he shall build an house unto my name."

757. *letargo*: not 'lethargy' in the modern sense but 'loss of control'.

761. *Teuca*: as for 698 +. Semey is based on the biblical character Shimei who is described in 2 Samuel xvii as hurling stones at David. Joab, in the same book of Samuel, xviii, kills Absalom with three darts. In 765-6 Teuca is addressing both of them. Neither, however, suffered for their actions against David and Absalom. Shimei is pardoned in 2 Samuel xix.

775. Aquitofel is Ahithophel in the biblical story. He advised both David and Absalom, but when the latter finally chose to take the advice of another, Ahithophel hanged himself. See 2 Samuel xvii.

808-10. 2 Samuel xiv records that "And when he polled his head, (for it was at every year's end that he polled it: because the hair was heavy on him, therefore he polled it:) he weighed the hair of his head at two hundred shekels after the king's weight". There arose from this a popular belief that Absalom sold his hair, the reference to two hundred shekels being interpreted in terms of price rather than weight.

812. *alimentos*: here not in its meaning of 'food' but 'a sum of money'.

841. *Bersabé y Urías*: the reference is to David's murder of Uriah in order to gain possession of Bathsheba, described in 2 Samuel xi. Bathsheba later gave birth to Solomon.

858. In Calderón's plays the advocates of self-interest are often offset by the advocates of reason and justice. Cf. Clotaldo in *La vida es sueño* and Lisías and Licas in *La hija del aire*, all representatives of moral integrity.

861. Missing in BM, BN, B and A.

913. *traéis*: Calderón often used indiscriminately the second person singular and the second person plural.

923. *Como*: BM's reading and a good example of its priority. BN, B, A and VT have *Ea*. Amón presumably begins to eat, or at least agrees to do so.

924. I make a small emendation to BM's line. BN, B, A, and VT have *y porque vuestros acentos*.

926. *canten*: BM's reading, again perfectly acceptable. BN, B, A, and VT have *cantad*.

932. *¿no es eso?*: BM's reading. BN, B, A *¿no me dezis esso?*, VT *¿no me dizes esso?*

943-4. The language is the traditional language of love. Tamar can either revive him by bestowing her favours upon him or destroy him with her disdain—here described in terms of the viper, a commonplace in love poetry. Equally conventional is the image of the lily to describe the whiteness of her hand.

959-64. This passage is based on a passage in Tirso's play, Act II, 1009-22, in which Amón justifies his rape of Tamar by asserting the importance of a 'natural' law, the attraction of like to like, and its precedence over any other law, quoting in the process the example of the descendants of Adam. For Christian commentators the resolution of the moral problem posed by marriages which were incestuous lay in the explanation that in the early stages of civilization expediency had to prevail over the moral law.

968 +. VT has *Cantan dentro, sin cessar, mientras | los dos representan*.

972. *le*: cf. 353, 569.

974. *¿Tus voces son de provecho*: BN, B, A and VT *Tu voz ya no es de provecho*. A fine example of BM's priority.

Jornada Segunda

988 +. For the stage-direction BM, BN, B and A have *Salen Amon, Tamar, y Eliazer*, VT *Salen Amon, Tamar, y Eliazar*. It seems clear enough, however, that only Amón and Tamar are on stage.

992. *arpía*: "Fingieron los poetas ser unas aves monstruosas, con el rostro de donzellas y lo demás de aves de rapiña, crueles, suzias y asquerosas ... son símbolos de los usurpadores de haziendas agenas ... de las rameras que despedaçan un hombre, glotoneándole su hazienda y robándosela" (Covarrubias).

994. *basilisco*: "Una especie de serpiente ... Críase en los desiertos de Africa ... con su silvo ahuyenta las demás serpientes y con su vista y resuello mata ..." (Covarrubias).

997-8. Both missing in BM, BN, B and A. VT has *pues cruelmente me matas | con tan mortales congojas*. Tirso's play reads *no me mires que me matas, | vete, monstruo, que me aojas, | y mi juventud maltratas*. This is obviously correct. In all the Calderón texts *y mi juventud maltratas* is 996.

1001-2. A reference to the apples of Sodom which were believed to contain the ashes of the city, though their exteriors appeared extremely attractive.

1008. *primero amor*: apocopation of *primero* before a masculine noun was not always observed in the Golden Age. See Keniston 25.242.

1014.   BM has only the first two words of the line: *ya que*. BN, B and A have *como burlas assi ingrato*, but the rhyme is wrong. VT's line is *como burlan tus antojos*. Tirso's line *honra con tales despojos* fits in well here.

1016.   BM and Tirso's reading. BN, B, A and VT *y me dàs tales enojos?*

1019.   Repeated in BM, BN, B and A.

1026.   This is Tirso's line. It is missing in BM, BN, B and A. VT has *en su yerro aprisionado* as the last line of the *quintilla*.

1029.   *Tahur:* 'thief'. "El que continúa mucho el juego, que si se repite tahur tahur, dize hurtar, porque muchos de tahures dan en ladrones quando no tienen qué jugar" (Covarrubias).

1043.   *en barato:* Tamar uses another phrase associated with gambling. "La porción de dinero que da graciosamente el tahur o jugador que gana a los mirones, o a las personas que le han servido en el juego" (*Aut.*).

1056.   BM has *que esto vn desatino, que este*, the last two words being a corruption of Tirso's *cueste*. BN, B, A and VT alter the line to *¿Qué desatino es aqueste?*

1056 +.   Only VT indicates the entrance of Eliazer and Jonadab.

1077.   Cf. 242 for *y* before *i*.

1085.   *resume:* Tirso's reading. BM, BN, B, A and VT *presume*.

1099.   *estrado:* this is Tirso's and VT's reading. The other texts have *estado*.

1113.   *siclos:* cf. 808-10. A *siclo* was a 'shekel'.

1115.   Adonías is the biblical Adonijah whose ambitious designs upon David's throne were just as great as those of Absalom. 1 Kings i and ii describe the rivalry between Adonijah and Solomon, who finally decreed that his elder brother be put to death.

1123.   *dando al ocio:* VT's reading which is also Tirso's. BM and BN have *dõde al ocio*, B and A *donde el ocio*.

1126.   *incircuncisa sangre:* a reference to the practice whereby the victorious tribes of Israel returned from battle bearing the foreskins of the enemy as tokens of victory.

1127.   *jubila al sacerdocio:* 'absolves the priests'. There seems to be no evidence to support the suggestion that priests were excused taking part in war. Perhaps Absalón is saying that he, despite his spirituality, plays a full part in military campaigns.

1133.   This is the reading in BM and in Tirso, confirming BM's priority. BN, B and A have *veré si por hermoso soy cobarde*, VT *verás si por hermoso soy cobarde*.

1138.   See 2 Samuel xii: "And David comforted Bathsheba his wife, and went in unto her, and lay with her: and she bare a son, and he called his name Solomon: and the LORD loved him."

1150.   *defiende:* VT restores Tirso's reading. BM, BN, B and A *divierte*.

1153 +.   BM has *Sale Tamar en cabello llorando*. The phrase *moza en cabello* was usually used, however, of a virgin. BM's reading is a possible misreading of *descabellada*, 'dishevelled'.

1155. A reference to the Lion of Judah, son of Jacob and fore-father of David. See Genesis xlix.

1157. I give Tirso's line. All the other texts have *dio ayuda el nuevo Jacob.*

1160. Again Tirso's line. BM has *delitos, si menosprecios,* BN, B and A *si delitos, menosprecios,* VT *si delito, y menosprecio.*

1186-9. There is quite an elaborate play on the meanings of the words *sustancia* and *accidente,* the former meaning both 'broth' and the inherent quality or essence of anything, the latter a quality that does not alter the substance of a thing. Her broth, good in essence, proved useless because Amón's hunger was not in his stomach but in his soul and could not be satisfied or altered by mere food.

1230-3. See Genesis xxii: "And they came to the place which God had told him of; and Abraham built an altar there, and laid the wood in order, and bound Isaac his son, and laid him on the altar upon the wood. And Abraham stretched forth his hand, and took the knife to slay his son."

1241. A reference to how David slew a lion.

1245. See note to 581.

1247. *baldón:* "Palabra antigua castellana; vale denuesto o palabra afrentosa ..." (Covarrubias).

1255. *calles, puertas:* BN, B, A *calles, placas,* VT *Cielos, Astros.*

1273. Missing in BM, BN, B and A. VT has *medio que enmiende el error,* but I give Tirso's line.

1276-7. A reference to the desirability of preventing an offence from becoming public knowledge, thereby making one's dishonour a matter for gossip.

1278-9. See 2 Samuel xiv: "... Absalom had sheepshearers in Baalhazor, which is beside Ephraim ...".

1309 +. VT has *Quedase David solo, y sale Amon.*

1340 +. *Absalón al paño:* VT has the stage-direction at 1343 +, changing it to *Sale Absalón al paño.*

1345. *y deshace el sol:* BN, B, A and VT have *deshecho al sol,* Tirso *y su cara el sol.*

1346. This is the reading in BM and Tirso. BN, B, A and VT have *Adulterio y omicidio.*

1347. *con ser Rey:* Tirso's reading. BM has *con Rey,* BN, B, A and VT *siendo tal.*

1349. *un pequé:* a 'peccavi' ('I have sinned').

1353. *mano es derecha:* again Tirso's reading. BM has *mano derecha es,* spoiling the *romance* pattern in *o.* The other texts omit *es.*

1379. *mi ambición:* Tirso has *mi,* BM, BN, BA and VT *su ambición.*

1384. *Hijo:* Tirso's reading. BM, BN, B and A *y yo soy,* VT *si yo soy.*

1391 +. VT has *Estara vna Corona sobre vn bufete.*

1404-5. There is no biblical precedent for this. There seems to be, however, a Jewish legend which refers to Adonijah's having tried on the crown which did not fit him because it would fit only the legitimate king of the house of David.

1420-31.   Here we have a stanza which is supposed to be a *décima* but which has twelve lines. The rhyme-pattern should be abbaaccddc, according to which the first nine of the twelve lines are correct. The tenth should rhyme with *presto*. The twelve lines occur in Tirso where the rhyme-pattern is exactly the same.

1436.   VT has *Si es que llegara a reynar*.

1437.   *vivo tú:* Tirso's reading. The other texts have *vivo, y*.

1462.   *desatinos:* Tirso's reading. The other texts have *desatino*.

1464.   *banquetes:* an excellent example of a perfectly good line in Tirso which in BM, BN, B and A is corrupted to *van que les*. VT's *vanquete* is an example of his ability to make good a corruption by intelligent guess-work.

1476.   "If I were to do as he (Cain) did." Absalón then unwittingly foretells his own death, portrayed by Calderón in Act III.

1502-13.   This is supposed to be a *décima* but, like 1420-31, has twelve lines. The rhyme-pattern is correct for the first seven lines but then continues ccddc instead of ddc. The twelve lines and the same rhyme-pattern again occur in Tirso.

1522 +.   VT *De rodillas*.

1533.   No exit indicated in any of the texts.

1533 +.   *Teuca:* BN *y Teutica*, B and A *y Teuca*. *rebozadas:* VT *cubiertos los rostros*.

1534.   All the texts of Calderón's play have *Cantan* in the left-hand column, without specifying any individual or group of people who sing the four lines of the song. Tirso gives the first two lines to one group — *Unos* — and the last two lines to another — *Otros*.

1538.   In Tirso's play the following lines are given to a shepherd called *Tirso*. BM, BN, B and A have 2, VT *Pastor I*.

1558.   *Temo de:* the preposition *de* was commonly used in the Golden Age with verbs of emotion. See Keniston 37.54.

1559.   In Tirso the speaker is *Braulio*. BM, BN, B and A have 2, VT *Past*.

1574.   In Tirso the speaker is *Aliso*. BM, BN, B and A have 2, VT *Past*.

1577.   *acá:* Tirso's reading. All the Calderón texts have *a la*.

1578.   *Allá* refers to the Court, *acá* to the countryside. The contrast is the common one in the Golden Age between the corrupting influence of the Court and the salutary influence of the countryside. Thus the mirror of the aristocrat will reveal only imperfection, while the mirrorlike water of the countryside will heal and restore.

1590.   *muda:* "Cierta untura que las mugeres se ponen en la cara para quitar dellas las manchas" (Covarrubias). In Tirso the speaker is *Riselio*. BM, BN, B and A have *I*, VT *Past*.

1591.   *miel virgen:* "Miel virgen llaman la que se ha destilado sin ser cozida" (Covarrubias). Honey was frequently used in cosmetics.

1595.   In Tirso the speaker is *Ardelio*. BM, BN, B and A have *I*, VT *Past*. *Solimán* is a form of quicksilver, *rejalgar* a white arsenic. Both were used for the removal of skin-blemishes, but Tamar's blemish is more than skin-deep. Her dishonour is itself like arsenic and cannot therefore be removed by the application of any of the substances mentioned.

1598. In Tirso the speaker is *Tirso*. BM, BN, B and A have *I*, VT *Past*.

1609 +. *Teuca:* BN, B, and A *Teutica*, VT *Trae Teuca vnas flores en vn cestillo*.

1610. [UNO]: BM, BN, B and A have *I*, VT *Past*. For *Teutica* BM has *Tu Teutica*, VT *Teuca, aunque te descubras*.

1625. *huela:* this is Tirso's reading and is clearly preferable to the *fue la* of all the Calderón texts.

1638. Missing in BM, BN, B and A.

1639. *Me parece que han venido:* the five previous lines are not to be found in Tirso's play, but Calderón follows Tirso again at 1639. Tirso, in fact, has a line divided between two speakers, the second half *Ya han venido* spoken by *Ardelio*. It is significant that of the Calderón texts only BM has this reading, the line being therefore short. It suggests a direct link with Tirso's play. BN, B, A and VT have *Me parece que han venido*.

1641-2. Tirso has *Tirso* as the speaker of the first line, *Ardelio* of the second. For the first line BM, BN, B and A have *I*, VT *Past I.*, for the second all have *Teu*.

1646. VT has *Tiene, Cardenio, razon*.

1653 +. My stage-direction is that of BM, BN, B and A, though they have *Ioab*, a mistake for *Jonadab*. VT has *Salen Absalon, Adonias, Salomon, Amon, Aquitofel, y Ionadab*.

1657. *ajirona:* 'trim with braid'.

1663-5. Another reference to the superiority of Nature and its products over the artifice of civilized society as symbolized in particular by the Court. Cf. 1578.

1668. *fitonisa:* "La Sacerdotisa del templo de Apolo Délphico: la qual fingian los Gentiles que inspirada por el Dios, adivinaba lo futuro. Tómase oy regularmente esta voz por lo mismo que hechicera" *(Aut.)*.

1677. *y la imita la criada:* VT *la imitan las criadas*. Apart from Tamar, Teuca is the only other *rebozada*. *Criadas* is introduced by VT in order to rhyme with *embozadas*, but if the final *s* of this word is not sounded the rhyme is clearly allright. For this line Tirso has *y espera verse vengada*.

1691. *Amaltea:* the nurse of Zeus and a common literary symbol of plenty.

1695-7. The word *muda* is used with different meanings here. In 1695 and 1696 it means 'silent', but *Mudas* in 1697 also has the meaning of 'face-lotion' and suggests again the artifice of the Court which is alluded to so frequently during this Act. Teuca's reply suggests that country people are concerned more with honour and integrity than with appearance, again drawing attention to a theme which recurs in the literature of the Golden Age—the theme of honour as personal integrity as opposed to honour in the sense of public image.

1703 +. VT has the stage-direction at 1704 +.

1704. The lily symbolized chastity and reputation.

1723. *espuela de caballero:* 'larkspur'.

1729. For the ambitions and fate of the biblical Adonijah, see 1115.

1740. *flores:* used here in the sense of 'witty, amusing, idle talk'. Teuca foretells Solomon's love for 'foreign women' in old age. See 1 Kings xi.

1744. In Greek legend Narcissus was a youth who fell in love with his own image reflected in a pool, pined away, and was changed by the gods into the flower bearing his name.

1761. + No exit for Teuca in any of the Calderón texts.

1769 +. VT *Sale vn Pastor.*

1770. BM, BN, B and A have *I*, VT *Pastor.*

1780. *fulleros:* an image from gaming. "El jugador de naypes o dados que, con mal término y conocida ventaja, gana a los que con él juegan, conociendo las cartas, haziendo pandillas, jugando con naypes y dados falsos . . ." (Covarrubias).

1802. *floreo:* a fencing term meaning the flourish that begins or ends a bout, but its meaning here is 'smooth, persuasive talk'.

1828 +. *Dentro:* BM, BN, B and A have *Dentro* at 1828, VT *Dent. Sal.* at 1829 and *Dent. Abs.* at 1830.

1855. *teníais:* an example of Calderón's indiscriminate use of the second person singular and plural. BN, B and A have *teneis*, VT *tiene*. Tirso has a different line: *que en buen túmulo te han puesto.*

1856. VT has *su sepulcro el deshonesto.*

1857. *es:* Tirso's reading. All the Calderón texts have *en*.

1869. *hielos:* Tirso's reading. The Calderón texts have *zelos*.

1871. Tirso's line. BM has *reconoce tu vista vn ciego*, BN, B, A and VT *recobre su vista un ciego.*

1912. *infelices ojos:* BM's reading *felizes enojos* is a perfect example of a corruption due to carelessness, the *en* of *enojos* being a clear transposition of the *in* of *infelices.*

Jornada Tercera

1927. JONADAB: B and A *Joab.*

1929. Missing in BM, BN, B and A. VT has *disfrazada, y encubierta.*

1933. *luto de bayeta:* a reference to the black skin of Teuca, though Calderón employs a conceit to describe it. Nature, as though mourning the death of her fair skin, has given her a 'black shroud'.

1960. *la real púrpura:* "Metaphoricamente se entiende por la sangre, especialmente entre los Poetas" *(Aut.).*

1965. *Tolomey:* see 1846.

1969. The line is VT's. BM and BN have *que esse fuego de la fuerça*, B and A *que esse fue de la fuerça.*

1973. *estará; y cuanto:* BM *estaria, y quando*, BN, B and A *estarà, y cuando.*

1998. *viudas:* Teuca, as the name suggests, is the widow of Tekoah. See 2 Samuel xiv.

2016. JONADAB: BM, BN, B and A *Joab.*

2018 +. VT has *Salen algunos Soldados con memoriales,* | *el Rey toman-*
dolos, y Aquitofel.
2034. *habléis:* another example of Calderón's indiscriminate use of
the second person singular and plural.
2039. *la:* for *la* as an indirect object pronoun see Keniston 7.32.
In BM, BN, B and A the order of this and the preceding line is re-
versed, giving an incorrect *romance* pattern. VT corrects.
2041 +. B and A have *Sale Tevia....*
2052. *a:* Keniston, 2.45, observes that *a* was often used, as here,
when both the subject and object of the verb are nouns referring to
things and are of the same number.
2059. B and A have *dos hijos que eran.*
2065. A reference to the enmity of Cain and Abel.
2067. B and A *de suerte con.*
2068. B and A *matò al otro.*
2079. Missing in BM.
2081. B and A *en los dos,* VT *entrambos.*
2105. *cierta:* B and A *clara.*
2106-7. Calderón expresses through David the Christian view of
the superiority of forgiveness over revenge. The King, however, as
God's representative on earth, has to weigh the demands of conflicting
interests in order to achieve a balance of strength and compassion.
In certain cases, as in the forgiveness of Amón for a crime that deserved punishment, forgiveness is no less an evil than ruthless con-
demnation.
2135. *a mi Corte:* BN, B, A and VT *a verme.*
2139. *fuerza:* 'injustice'.
2141. Here *defender* has the meaning of *prohibir,* David being
the subject of the verb and Absalón the object.
2144. *el otro:* BN, B, A and VT *al otro.* An example of the omission
of the personal *a.* See also 2080.
2158. *regocijo:* BN, B, A and VT *recozijos.*
2163. *monstruo:* cf. 2478-9 of *La vida es sueño:*
> Que el vulgo, monstruo despeñado y ciego,
> la torre penetró...
The image in *La vida es sueño* expresses the uncontrolled passions of
the people who release Segismundo and the disorder of the civil strife
which ensues. David's allusion to the fickleness of the people suggests
too the irrational nature of their changes of heart and the unpredictable
character of their loyalties.
2166. *Ensay,* which is the name given to this character in all the
Calderón texts used here, appears in later editions as *Cusay.* The character is based on Hushai who is David's friend and adviser in 2 Samuel
xvi and xvii. The name *Cusay* undoubtedly stems from Cushi, who
is sent by Joab to inform David of Absalom's death, 2 Samuel xviii.
2176. *obligarle:* "Vale... adquirirse y atraher la voluntad, o bene-
volencia de otro, con beneficios o agasajos, para tenerle propicio
quando le necesitare" *(Aut.).*
2192. *sentimiento:* his grief for Amón.

2194-5. *tarda/de:* Keniston does not give an example of *tardar de* but observes that this preposition "is found in almost every type of construction in which the simple infinitive is used as subject". See 37.511.

2199 +. *pudieren:* B and A *quisieren.*

2224. *espera:* BN, B, A and VT *espero.*

2226. *haber quedado:* BN, B, A and VT *por quedar aqui.*

2238. BN, B, A and VT have *que es muy cierto de que yo.*

2299. '... employing force, not pleadings'.

2312. *en diciendo:* Keniston observes: "The only preposition which is used to introduce the present participle is *en . . .* instead of referring to a time concurrent with that of the main verb, it indicates an action completed and hence has the meaning of 'as soon as'." See 38.215.

2328. *en viendo:* cf. 2312.

2339. BM has *dos, ò mas los que les tengan.*

2340. *cualquiera causa:* cf. 341.

2345. *a la deshilada:* "Phrase adverbial, con que se significa el modo de marchar sin orden, con alguna aparente disimulación, como quien lleva fin distinto del que aparece" *(Aut.).*

2361 +. A has *Sale Jonadab, y Tevia.*

2365. *antípoda de aurora:* 'antipodes' in its figurative meaning of 'complete opposite' combines with both the literal meaning of *aurora* 'dawn', and its associated meaning 'whiteness' or 'flesh-coloured', to form a striking conceit to describe the black skin of Teuca. The reference to the black of night also conjures up associations of evil and witchcraft, which is why Jonadab is so afraid.

2367. *divertido:* 'preoccupied'.

2379. *viene:* BN *vine,* B and A *vive.*

2384. *ya vendrán iras:* BM *ay vendràn iras,* BN and VT *ya vendràn a iras,* B and A *ya vendràn liras.*

2393. *no de [malas] mañas:* BM has *no de vuestras mañas,* BN, B, A and VT *vsè de mis marañas.* Since *mañas,* according to *Autoridades,* was synonymous with *costumbres* — and still has that meaning, of course — a simple emendation of BM would seem to be called for.

2402. *prendedle. ¡Ah, Teuca!:* BM *Prended a Teuca,* A *Prendedle, a Tevia!,* VT *Prenderè: Teuca?*

2424. VT has *Dentro voces* on the right.

2426. *[dividido]:* BM *deuido,* BN, B, A and VT *crudo.* My emendation gives the correct number of syllables as well as the correct sense.

2432. *aborta:* "Metaphoricamente usan de esta voz los Poetas, quando el mar, los montes, u otras cosas no capaces de concebir arrojan de sí algo que contenían" *(Aut.).*

2443. *girasol:* as the sunflower follows the movement of the sun, Aquitofel follows Tamar whose good looks themselves rival the splendour of the sun.

2464. *desmayo:* 'descent'.

2467. Missing in BM, BN, B and A. VT has *por quien honores tan crecidos gano.*

2478.   VT has a stage-direction: *Atanle los Soldados.*

2479.   BM, BN, B and A end the line with *tropas.*

2485.   *Póngase:* B and A *pompage.* The king was often described in the literature of the time in terms of the sun, the king amongst planets, and a new succession in terms of the rising sun. Cf. the description of Segismundo in Act III of *La vida es sueño:*

> y como el mayor planeta
> que en los brazos de la aurora
> se restituye luciente
> a las flores y a las rosas . . .
> . . . así amanezcas al mundo,
> luciente sol de Polonia . . .   (1694-2703)

2491.   Missing in BM, BN, B and A.

2494.   Missing in BM, BN, B and A.

2495.   This is BM's line which has the correct number of syllables. BN, B and A have only nine syllables, *tu voz* having been left out. VT restores the two syllables but rearranges the whole line thus:

> tu piedad. *Aqui.* Oye. *Teu.* Di, que solicita

This is a good example of a perfectly good reading in BM becoming progressively corrupted.

2496.   This is BM's line and is short by two syllables. BN, B, A and VT begin the line with *tu voz?*, having moved it from the end of BM's previous line in an attempt to restore the correct number of syllables. But an attempted correction in one line has merely left another corruption in the other.

2499.   A reference to Ahithophel's suicide by hanging.

2503.   *compeliendo:* the meaning must be 'writhing' or 'jerking', suggesting the way in which Aquitofel himself will writhe when he dangles from the rope. VT has *oy, entiendo.*

2510.   Missing in BM, BN, B and A.

2540.   Missing in BM, BN, B and A.

2544.   VT has *Si es el daño que el Rey viua.*

2549.   *os nombre?:* "that he nominates you?" B and A have *os nombrè?*

2558.   Ensay's dilemma is similar to that of many other characters in Calderón's plays. Thus, Clotaldo, in Act I of *La vida es sueño*, is confronted with the difficult choice of arresting Rosaura (his own child) in accordance with the law or of letting her escape and thereby being disloyal to his king whose trust he enjoys. Like Ensay, he resolves the dilemma by behaving prudently, exemplifying therefore the power of reason to guide men through the complexities and difficulties which confront them during their journey through life.

2587.   *ten:* B and A *tener.*

2597.   *posada:* the word still has the meaning of 'dwelling'.

2615 +.   VT has *Correse vna cortina, y se descubre à | Dauid durmiendo.*

2632.   Missing in BM, BN, B and A.

2634.   *lazos:* 'embrace', signifying the love of Salomón for his father. The motif of the embrace is used on numerous occasions in the play to symbolize family unity, whether real or apparent. Thus David's reunion with his family — 20-34 — Amón's rejection of David — 139 — David's forgiveness of the treacherous Absalón — 2206— and, of course, Salomón's genuine love for his father here. It is a good example of the way in which Calderón employs such a motif in different circumstances in order to suggest different things.

2638. Only VT has *dar*.

2639. Missing in BM, BN, B and A.

2647. *pues no es:* VT *pues solo es.* The meaning seems to be "May I obtain some pleasure in relating it, for there is no pleasure in the thing itself".

2649. VT has *Dentro caxas* after *repitiendo,* then *Todos dent.* in the left-hand column below.

2662. VT has the following arrangement:

todos, que. *Dentro vozes.*
Todos. Viua Absalon.

2676 +. Only VT has the complete stage-direction.

2680. *del mar Bermejo:* a reference to the blood flowing through the streets of the city. It seems unlikely that there is an allusion to the Red Sea as being anywhere near Jerusalem, despite Calderón's frequent lapses regarding geographical accuracy.

2721. David probably replies to Salomón first, then to all the others.

2725-8. The meaning is that flight is less of an evil than risking the life of David. It is an act of prudence, not cowardice.

2737 +. VT has *Tocan al arma, y sale Ionadab.*

2738-9. No text indicates that the cries are off-stage. BM, BN, A and B have I. and 2., VT *Vnos, Otr.*

2744. *capona:* "... usado en terminacion femenina, que equivale a sin exercicio ..." *(Aut.).*

2747 +. VT has *Sale Absalon, y los suyos.*

2764. BM ends the line with *Absalõ viua,* BN, B and A with *Viva David.* In either case the line is too long.

2783. *pareciera:* BN, B, A and VT *fuera acierto.*

2789-90. BN, B, A and VT give *Ensay* as the speaker beginning *Advierte ...*

2791. BN, B, A have *no admitas, que te despeñas,* VT *no admitas, que te despeñe.* BM's *el suelo tus oidos cierra* seems to me nearer the mark although it is clearly a corruption. The *romance* pattern is, in any case, *e-e.*

2793. BN, B and A have *sobre muertes, sobre afrentas.* The *romance* pattern is again wrong.

2814-16. BN, B and A have:

y sin reservar ninguna,
a la gran plaza las lleven,
que oy he de assombrar al mundo.

The only difference in VT is *alguna* for *ninguna.* I retain BM's reading even though 2816 has too many syllables. It is a perfect example of the unique character of this text.

2817. *mondongo*: the word means 'entrails' but its feminine form signified, according to *Autoridades*, "las criadas de las Damas de la Reina". There may thus be a pun here. Jonadab will be a 'mondongo' to all the 'mondongas', as a dog to bitches.

2831. Missing in BM, BN, B and A. VT has *justiciero eternamente*.

2841 +. VT has *Suena ruido dentro, y dize Absalon*.

2850. The second part of the line is missing in BM, BN, B and A. VT has for it *ã dais vozes?*

2862. BM has *pues lo mismo que la haze*, BN, B, A and VT *pues el mismo la deshaze*.

2863. Missing in BM, BN, B and A.

2865. BN, B, A and VT have *mas porque el tiempo se pierde*.

2900. [*intrincado*]: BM has *intimado*, BN, B, A and VT *encumbrado*. An emendation is clearly required.

2905. BM has *apato* for *paso*, BN, B, A and VT *y advierte* for *de suerte*.

2917. *¡Cuánto un*: BN, B, A and VT *puntual*.

2919. This is BM's line, an excellent example of its priority. BN has *que quitar, y ponen Reyes*, introducing a corruption; B, A and VT *que quitar, y poner Reyes*, an attempted correction which moves further away from BM's reading.

2938-40. BM has: o lo haze porque yo,
                      al ir a fauorecerle,
                      deste aspid que en el seno...

BN, B, A, VT: aborreciendo el vivir,
                 amando la acerba muerte.
                 Este aspid que en el seno...

BM's reading, despite its faults, seems to me nearer the mark and I have therefore made only small emendations. The *áspid* is here the rope which Aquitofel had earlier removed from the wrists of Jonadab and which he has placed inside his clothing. On putting his hand to his heart, to which the *le* of *favorecerle* seems to refer, he feels the rope and is reminded of Teuca's prophecy.

2954. Missing in BM. BN, B, A and VT have *será justo que vn cordel*.

2955. BM has *estar de vn cordel pendiente*. BN and VT have *le dexe al ayre pendiente*, B and A *se dexe al ayre pendiente*.

2963. Cf. 22.

2986. *quedes*: B and A *puedes*.

2994. First part of the line missing in BM, BN, B and A.

3034. The only difference in BM is *entre* for *en*. BN, B and A have *La Gente està dispuesta entre essos sauzes*, VT *La gente està dispuesta ya en tres Hazes*.

3037. BM's line. BN, B, A and VT *viene, yo morirè el primero en ella*.

3042-3. BM's lines. BN has *Si os veo peligrar, hijos queridos, | otra pena mayor cõpro y muy cara*, while B and A have *cobro* for *cõpro*. VT's first line is the same as BN, B and A, but the second line is *nueva guerra dareis a mis sentidos*. BM's *librar* here means 'entrust', i.e. entrust his children with the responsibility of the battle.

3053-4. This is BM's reading which is perfectly correct. BN, B and A have:

| | *Sal.* | Pues de nuestro valor, y fe no fias? |
| | *Dau.* | Hazed lo que yo os digo. |

VT: *Salom.*   No consientas
                    injuria tal. *Dau.* Hazed lo que yo os digo.

3056-7. Both lines are missing in A.

3058. The readings in the various texts are: BM, BN, B and A *Auisa, y Eseo*, VT *Abisay, y Ensay*. I emend.

3066. This is BM's line. BN, B and A have:

Dav. Ioab. *Ioab.* Señor, vete à tu tienda.
Dav. Pues que mi honor te fio ...

VT: *Dauid.* Ioab? *Joab.* Señor.
        Dauid. Pues que mi honor te fio ...

3075 +. VT has *Vanse Dauid, Salomon, y Adonias por | vn lado, Ioab, Ensay, y Soldados por | otro, y dentro tocan caxas, y dandose | la batalla, se descubre Absalon | en vn cauallo.*

3085. I have emended slightly. BM and BN have *que no he de dexar el serlo*, B *que no he de dexar de serlo*, A *que no he dexar de serlo*, VT *que no ha de dexar de serlo*.

3103 +. VT *Tocan clarines, y caxas, y se dà la | batalla, entrando, y saliendo algunos | peleando.*

3108. *de través:* '... por alguno de los lados, y no rectamente' *(Aut.)*.

3112. The horse is associated with the two elements earth and air because it gallops over the former yet seems like a bird in its speed, hardly touching the ground. In *La vida es sueño* (2672-81) Rosaura's horse is described in terms of the four elements but in a different way. It is of the earth because it is a solid body, its snorting is of the air, its foaming is of water, and its spirit is of fire.

3144. Joab puts the interests of the kingdom before personal interests. *Razón de Estado* or 'reason of state' was usually associated with the ideas of Machiavelli as expounded in *Il principe* and referred therefore to expediency as a desirable political virtue. The ideas of Machiavelli, which often ran contrary to Christian virtues, were a universal target in sixteenth- and seventeenth-century Spain, but Joab is making the point here that love, when it is excessive, can also create problems. Political expedience in this instance is, in fact, preferable, without, at the same time, being against the moral law.